U0720309

新編諸子集成

墨子城守各篇簡注

岑仲勉撰

中華書局

自序

我國軍事家幾無不曉得孫子兵法那一本書，但墨翟的守城方法，似乎還未得到人們的十分注意。墨翟的時期，大約比孫武不過略後幾十年。據墨子公輸篇說，以技巧著名的公輸般替楚國造成雲梯，要來攻打宋國，墨翟親自往楚見般，和他當面較量高下，其結果：

「公輸般九設攻城之機變，子墨子九距之，公輸般之攻械盡，子墨子守禦有餘，公輸般屈。」

楚國因此放棄了侵略宋國的計劃。從這片斷的記事，我們也約略可以窺見墨翟守備的本領。目下所保存的墨子，性質雖然大半屬於宗教、哲學那一類，但依向來的傳說，古本墨子裏面講究抗敵方法的，倒有二十篇，佔全書七分之二，經過歷朝的散失，現在只保留着十一篇，固然，此十一篇也不盡是原來的面目了。

我們回想到抗戰時期，日本侵略軍常常挖的「狐穴」，我近年讀過墨子這幾篇書之後，才曉得日寇此種技術，完全脫胎於墨子，當然、他們隨着世界的潮流，應用近代的物質，曾加以不少擴充和改進。墨子這幾篇書既那麽重要，然而比較孫子兵法，在學術上的地位，却等於無聲無臭，這也有它的道理。

從漢朝往後，國內學者都好走向「玄想」一路，較上的亦止對書本求字面解釋，完全與現實脫節。

墨子這幾篇，除了極小量的宗教迷信之外（如迎敵祠篇之一部），可說得上「實事求是」，不適合於一般「玄想家」的脾胃，這是最要的一個原因。

墨子這幾篇書，雖然偏於抗拒的戰具，但古人說得好，「有備無患」，又說，「兵來將擋，水來土擋」，必先能有充分準備，才可以抵抗侵略，立於不敗之地。俞樾的墨子閒詁序說：「墨子惟兼愛，是以尚同；惟尚同，是以非攻；惟非攻，是以講求備禦之法。」正見得一方面要求和平，另一方面仍萬萬不可忘記自己的國防，免致被人暗算。所以，墨子這幾篇書，我以爲在軍事學中，應該與孫子兵法，同當作重要資料，兩者不可偏廢的。

我在一九四四年曾寫過下面一段話：

「動物智識，遠較人類爲單純，然二十紀人類，尚有模仿不迭者；例如，蟲類常變合環境之色以避殺害，今叢林中行軍，有油綠其身以施不意之狙擊，或避敵人之注意，卽循其道而行之者也。臭鼬肛門近旁有腺，分泌臭液，其氣遠揚，能催嘔吐，盲人目，獵戶、獵犬及他動物皆避之，卽敵人遇戰敗時輒施放毒氣以求一逞，是也。又墨魚遇敵，度不得脫，則急噴其黑囊所貯墨液，使海水昏濁，藉以逃避，卽空海軍逃生或襲擊之際，躲入雲端或放烟幕是也。」（北平圖書館館刊新五卷四期一四頁拙著考據舉例。）

然則動物學的道理，可應用到軍事學上去。話還不止，我國往日的駢文，似乎和軍事學確差之千里了，但我早於抗戰開始那年的冬天，也寫過下列批評龍筋鳳髓判的話：

一卷三，判題有云：『將軍任季狀稱，於蔚州飛狐口累石牆，灌以鐵汁，一勞永逸，無北狄之憂。』又云：『又請削橛於塞上數千里，釘以刺突厥馬蹄，斷賊北道。』此兩策，在昔視之，正如原判所謂『無益皇威，有同兒戲』，或『此愚夫之淺計，非達士之弘圖』矣。然神而明之，固與今日之構築工事、埋放地雷、密佈電網，暨建設國防綫數百里者，無以異也。同卷復有題云：『將軍宋敬狀，被差防河，恐冰合賊過，請差州兵上下數千里推冰，庶存通鎭。』卽今破冰之制也。又有題云：『中郎將田海請於舊長城塹，東至遼海，西至臨洮，各闊十步，深三丈，並仰審利害。』卽今挖濠之法也。苟未雨而綢繆，豈醜虜之能度，昔謂之拙，今詡其工，卽俳儷文章，亦何嘗臭腐，夫是以貴得其通而已矣。」（歷史語言研究所集刊九本四——五頁。）

無非見得讀書能觸類引伸，便開卷有益；如果不能的話，平時高談着經世之學，臨到有事的時候，反而一籌莫展，那又對國家有何裨補呢。

墨子那本書，學者都說它包含着力學、光學、數學、形學等道理，但這種道理，究竟已否應用於實物，却未有人指出。我在研究這十一篇過程中，覺得許多守城方法，確已應用着此種道理，並不是出於空談臆想；例如，鼓架要三足（號令篇），是最淺的重心知識。桔槔（或頡皋）就是槓杆。磨鹿或轆轤就是滑車。又像屈勝可上可下（備高臨），發梁可以擒敵（備城門），尤其是，製造最爲複雜的連弩車，每次能夠射出矢箭數十，無不是根據機械學的原理。又如罌聽（備穴）係利用聲學，以探測敵人隧攻。罌內放炭糠不可太滿（備穴），持醯來救烟熏（備穴），則已樹立化學的基礎。連弩車內置儀（備高臨），和瞄準表無甚分別。井內置則瓦（備水），合於水平的測量。鑿穴每步下三尺（備穴），那是數學三角的發明。此外還有不少項目，可跟現在相比較的，就是環利緈（備穴）等於鐵索纜，穴內支柱（備穴）等於礦穴建築；由此，我們又悟出「置每」（備穴）即是「置煤」，中國用煤的時期，最少可上推到春秋末期（公元前六世紀）了。（近人對此，頗有爭執，或以爲西漢，或以爲東漢。）

專用於軍事的，更有創甲卽禦彈衣，鞮瞀卽鋼盔，藉幕卽索網，爵穴炬卽探照燈，木桶炭火投敵，卽手榴彈，轒轀車卽坦克，烟矢卽火箭，用艾烟熏敵人卽催淚彈；所差的，後世已發明了火藥，而物質方面，更大有進步，爲用之大，爲禍之慘，當然超過了古代不知若干倍，但試推究其原理，我們如說是「舊瓶裝新酒」，似乎未十分大錯。

墨子這幾篇書，是注重軍事技術的，所以談用兵方略的話不很多，（比方說敵人來攻，較大的城要在郊外迎戰，小的城要緊守城池，就屬兵法一類。）但如用軍徽來區別各種兵團，用擧旗來替代號令，訓練士卒使曉得左右、前後，都有得記下。又說，挖穴的工作，要男、女各半；守城時候，丁女、老少各配給矛一根，城下的守衞，每三十丈內派丈夫十八，丁女二十八，老少十八，女子占了二分之一，城上不當戰綫的地方，也派老頭、兒童去把守，婦女、兒童確有不能當兵的，就派在官府裏面供差使，一聞警報，馬上擂鼓動員，經過五回鼓後，尙未到指定的地方報到，卽分別處罪，當時的動員方法，是那麽迅速而澈底。

講到事前如何堅壁淸野，如何疏散人民，如何戒嚴，如何節約；戰時如何限制口配糧食，如何督察人員勤惰，如何安置和撫卹傷死；事後如何勞軍授旗，優待征屬，鼓勵他們的敵愾同仇，都有頗爲詳細的記述。關於衞生設備，我國向來似是不甚講求的，但讀過墨子的書，便覺得大大不然。城上相隔若干遠，要開挖暗溝若干，建築公廁若干，鑿井若干，置備汲水、飲水器若干，無不有明文規定；甚至如由城上向城下傾棄汚水，也須先要把標識搖動，免致損害人物。在二千五百年前，對衞生設備，有如此詳細的計劃，可不算一個奇迹嗎！

甚至，軍中或民間日用物件，像西北所用羊皮做的水缸，和羊皮風箱，在南方人看見，很是陌生，然而前者叫做「革盆」，後者叫做「橐」或「韛袋」，墨子書裏也早有現成的名稱。

有人說，現在是科學時代，件件都要跟着最新科學標準去辨理，那種上古的「勞什子」已不能適用了。（例如曹耀湘墨子箋說：「備城門諸篇縱使文義完足，在今日實爲已陳芻狗。」）這類的話，似乎帶着充足的道理，但仔細想來，却不是怎麼簡單，墨子那幾篇書，仍然值得研究的。若論到適用或不適用，現在科學進步，日新月異，卽使幾年前出版的著作，我們也不能「膠柱鼓瑟」，不光是墨子一本書有這種缺陷。我們無論讀那種書，都貴在得其菁華，不要死守不變，吸收前人的經驗，應用最新的科學技術，近世嶄新的一套，多數何嘗非如此作成出來的呢。

墨子的守拒方法，既如此重要，爲甚麼近年研究的人，仍然如此之少，那就不得不再指出下面三個原因：

第一、梁啓超氏批評這十一篇說「可緩讀」，又有人說「於哲學沒什麼關係」，這樣就轉移了一般讀者的視綫；而且，我國學人，向來多偏重玄虛，忽視現實，重文輕武，久成陋習，武備方面，更不值得文人注意。

第二、近世蘇時學、吳汝綸等認爲這十一篇是漢人作品，非墨子原有的文字，因之，有一派人就說是「僞書」，以爲不值得研究。其實，從研究方面角度來看，我們只當問書的本身有無學術上的價值；是戰國人或漢人所作，那倒是次要的問題。

第三、墨翟的弟子，據說分爲好幾派，各人把自己的記憶，寫成文章，到了西漢末年，始由劉向搜輯着當日所存，編作一個總集，對於家派的區別，大約已不甚明白，所以現在的墨子，屢屢發見重復的毛病，甚至夾雜着後人的注解。因爲各派的方言不同，有時同一事物而稱呼各異，最顯淺的例子，是或稱「五步」，或稱「三丈」，實際「五步」就等於「三丈」。其次，「墨子」是戰國時代所寫，文法先後，都循着當日的習慣，現在說「狀態」，而它却說「態狀」，現在說「大小」、「多少」、「美惡」，而它却說「小大」、「少多」、「惡美」，現在說「歸家治病」，而它却說「歸治病家」。再次，古書多注重讀聲，不注重字形，「內」可用作「納」，又可用作「柄」，「俚」或「貍」都是「埋」，「敷」或「敫」都是「傅」，「死」可替「尸」而「使」又可替「死」。更有同一字而常分表兩種意義的，（如渠爲「溝渠」，或爲「渠荅」。）總要讀者隨時變通，不能堅執成見。尤其是，攻法之「衝」是什麽？「臨」和「堙」，或「突」「穴」和「空洞」如何分別？「渠荅」是一物或兩物？漢、唐時代的人，早已無法——或錯誤——解釋，有如許困難，遂令學者望而生畏。

我寫本書的主旨，是注重技術方面的研究，關於文字或名稱的冗長討論，要另作專篇，不擬攙入注中，以免分散讀者的興趣。原書有若干處，因爲錯誤過多，暫時確無法整理，除此之外，可明白的總在百分之九十以上，前人無法解決的實物名稱，大概也有了着落。如果有計劃的進行研究，大家通力合作，將來這十一篇書，似可改編爲更簡單、更易讀的節本，現在只是初步嘗試，不能不保存相當的原來面目。尚有若干細節，爲讀本書者所不可不知的，留在後頭凡例中寫出。一九四八年、岑仲勉。

再序

四庫全書總目提要二三說：「第五十二篇以下，皆兵家言，其文古奧，或不可句讀，與全書爲不類，疑因五十一篇言公輸般九攻、墨子九拒之事，其徒因採摭其術，附記其末。觀其稱弟子禽滑釐等三百人已持守固之器在宋城上，是能傳其術之徵矣。」然而據近人考究，墨子一書實成於其弟子多人之手，不單止備城門等篇，故王拯謂「所傳書乃其徒之說，非墨子之全。」（見墨子刊誤跋。）蘇時學云：「墨子當春秋後，其時海內諸國，自楚、越外無稱王者，故迎敵祠篇言公誓太廟，可證其爲當時之言。若號令篇所言令、丞、尉、三老、五大夫、太守、關內侯、公乘男子，皆秦時官，其號令亦秦時法，而篇首稱王，更非戰國以前人語，此蓋出於商鞅輩所爲。」（見墨子刊誤。）近年蒙文通氏亦說：「自備城門以下諸篇，備見秦人獨有之制，何以謂其不爲秦人之書？」（一九四二年四川省圖書集刊三期一〇一頁。）今考此十一篇內所記官稱，如役司馬、都司空、次司空、丞、校、亭尉、門尉、縣候、中涓等，參據明董說七國考，尚未見於其他六國，城旦之刑亦然，因此，認爲這幾篇最少一部分是秦人所寫，殆已毫無疑問。亦唯如此而後它的文體何以與戰國時東方齊魯、三晉的作風不同，才得到合理解釋。

關於這幾篇研究，又與近年我國社會分期問題饒有聯系。某一派史學家堅持必先有鐵才可以進入封建時代，如果依照先進作出的分期規律來看，未得爲有意苛求，（若必謂從戰國時期起，鐵器才得到較廣泛的推廣，又必再經過五百——八百年的時間才算進入封建社會，則未免流於務申己見而强作分劃，也與先進文獻的說法不符。）然而這一條件並未能否定西周爲封建社會，我已有過論列（見拙著西周社會制度問題四五—四八頁）。最近郭沫若氏考定叔夷鏄有「造戜徒四千」的話，因而肯定管子所說齊鐵官有其根據，並指出近年考古發掘如河南輝縣之大批鐵農具、工具及兵器，熱河興隆之各種工具鐵範，都是屬於戰國時代（一九五六年九月八日人民日報）。隨後，石志廉氏又提長沙楚簡及古鉥等，說明戰國之時，用鐵已極普遍（十一月廿二日光明日報）。按齊鏄之戜，郭氏以爲卽匋字（兩周金文辭大系二〇五頁），然則「遌戜」應讀如「陶鐵」，不必改作「造」字，冶金在古代得言「陶」，㈠「戜」確爲鐵，更可多得一層實證。今墨子這幾篇裏說鐵者不少，如鐵鍱或鐵什，齊鐵矢，鐵鏩，鐵纂，撒鐵以害敵人（均備城門），鐵服說或鐵鈇，鐵鉤距（均備穴），鐵𨭾（旗幟），又征發各邊鄉銅鐵（雜守），鐵之爲用極溥，可以想見。總合來說，戰國時代西起關隴，東至齊魯，北達幽燕，南盡荆楚，都已大量用鐵，其開始推廣，自應上溯春秋，郭氏言「鐵的最初出現必然還遠在春秋以前」，換言之卽西周，是有其事實根據，適非專憑臆測的。

尤其冶鐵技術之進展，與火力有關，墨子時代旣能製鼓風之皮橐，又能用煤（卽每，見備穴），可證冶鑄實已高度發達，如果把用鐵遲放在春秋、戰國之交，顯然壓縮我國文化的進展了。

前人對於墨子這幾篇研究的成績，我還想帶說幾句。王高郵父子雖非全部作注，要有其寶貴的貢獻。孫氏爲此學泰斗，無庸贅辭。吳氏書較晚出，參合中外多家，自然呈功較易。王闓運注本末之見，只從李笠所引，已可窺其武斷臆改之一斑。舊日商務萬有文庫本閒詁圈點多訛，閱覽者應愼之也。一九五六年十二月初旬後記。

㈠墨子耕柱：「昔者夏后開使蜚廉折金於山川，而陶鑄之於昆吾。」王念孫讀書雜志九因各本所引，多無陶字，遂謂「金可言鑄，不可言陶」，陶字蓋唐、宋人改之。按莊子「是其塵垢粃糠，將猶陶鑄堯舜者也。」陶鑄與塵垢對擧，顯是兩字連言，他所據者只是節略的引文，陶字實非唐宋人附增。史記魯仲連鄒陽列傳索隱引張晏「陶，冶也」，又引韋昭「陶，燒瓦之灶」，大約上古冶鐵工作，卽在陶灶上進行，故金亦可言陶，王說猶未達一間。

凡例

墨子書的一部分，近人單篇討論者不在少數，惟專門疏解這十一篇的文章却未見過，現所據的只有：

畢沅校刻本（省稱「畢」）。

王念孫、引之父子墨子雜志（省稱「王」）。

俞樾諸子平議（省稱「俞」）。

蘇時學墨子刊誤（省稱「蘇」）。

孫詒讓墨子閒詁（省稱「孫」）。

王景羲墨商及墨商補遺（省稱「景」）。

李笠定本墨子閒詁校補（省稱「李」）。

陳柱墨子刊誤刊誤（省稱「陳」）。

于省吾雙劍誃墨子新證（省稱「于」）。

吳毓江墨子校注（省稱「吳」）。

其只據轉引而未見原書的有：

王闓運注湘潭本墨子（省稱「運」）。

王景羲硃批聚珍本墨子閒詁（省稱「景批」）。

張純一墨子閒詁箋（省稱「張」）。

除去少數未解決的問題及需要駁正的地方之外，爲求簡省起見，凡應用前人的成績，都不載明引據某一家，惟出自鄙見的都加「按」或「余按」字樣以憑識別。

舊本的錯簡或誤字，孫、吳兩刻已不少移動或改正，本書仿用他們的例子，大凡前人所疑，經筆者認爲無誤，就酌量鈎改，不再一一聲明。

墨子裏面有時夾着後人的注文，孫早已指出，凡經前人或筆者決定是注文的，現在都用括弧來括着，使讀者易得明瞭。凡原文頂格寫，注低一格。

墨子每一篇裏面並無章節區別，現求便於注解和檢對，特將有界限可以劃分的分爲若干節。各篇係依舊本次序，應用自子至戌的十一個記號。每篇的節數，各應用阿拉伯數字自1以下的順次記號。比方說「午篇9」，就是備蛾傅篇的第9節，若所指的在同一篇之中，就單揭出節數，其餘可以類推，對於原書的面目，並無改換。

原本有許多古字，最普通的是「其」寫作「亓」，現已一律改爲「其」。又如才旁和木旁可以通用，也是常見的現象（像「挺」和「梃」）。此外「敵」作「適」，「無」作「毋」，「已」作「以」，「銳」作「兌」，「禦」作「圉」，「懸」作「縣」，「狹」作「陜」，「惑」作「或」，「纔」作「財」，「情」作「請」，「知」作「智」，「亟」作「極」，「臂」作

「辟」，「裝」作「狀」，像這樣的例子頗多，不能全數列舉。讀墨子的能先明白了古人對同音或音近的字，可以互相借用，便減除一層隔膜了。

筆者在本書不願對文字或考證作冗長的討論，同時又不願全用語體來注解墨子，因爲會有辭不達意，而且語體比文言字數往往多出三分之一以上。雖是文言也極力求其顯淺，相信不至十分難懂吧。

墨子城上守備器具人員和建築物配置簡表

墨子一書，由好幾家各自寫成，到現代已無從區別，因之，書中常有步伐不齊之感（如「二步」或作「三步」之類），但也許傳鈔之訛，尤其是全書本來錯誤甚多。總之，此等差異，影響甚微，更有並非衝突者，因甲節所言或只一般設備，而乙節所言又屬臨時應付敵人特種攻擊，非徒兵法貴變通，而且爲用也不同啊。尙有一事當注意的，比方說城上二步一渠（每步六尺），自然指相距兩步，但如說城上一步、槍二十，則幷非全數放在一處，所以原文亦特提出「周置二步中」以資補充。現在所輯之簡表，不外約示其大概，事實上如何應用，須視環境而改變，庶不至如趙括之讀父書也。

一步　卒一。

二步　渠一。荅一。連挺一。長斧一。長椎一。木弩一。槍二十。炬二十。石半鈞以上者五百。

按渠或作七尺，長斧或作十步，長椎或作三步，斧、椎及弩或作九尺、卽一步半。

三步　長椎一（已見上文二步）。

五步　水罌（又稱靈丁）一。居屬一。竈（備燒敵者）一。井（城下備罌聽者）一。爵穴一。壘五或二十。狗屍五百。

按罌或作十步，爵穴或作三尺，又作十尺。

六步　縣牌一（攻隊所在）。

十步　罌（容五斗者）二。長斧一。長鎌一。布麻斗一。革盆一。鈂（?）一。柴摶二十及主柴者一人。

二十步　縣牌一（普通）。藉車一。殺一。

按藉車亦作三十或五十步一。

二十五步　竈一（帶沙）。

按竈亦作五十步一。

三十步　藉車一。礱竈一。弩廬一。坐候樓一。城下圂一。

五十步　藉車一。棄水表一。竈一（帶沙）。礊（?）一。房一。廁（亦稱井屏）一。道陛一。樓（亦稱樓抓勇）一。瓦木罌（容十斗者）十。木材三十。薪三百石。

百步　櫳樅一。木樓一。突門一。亭一。井一（甕十，水器百）。櫓一。稈一。幽竇十。薪（城下）三千石。

二百步　立樓一。

按又言重樓百步一，疑與五十步之樓同。

四隅　童異一。

四隅四面　磿㯺一。

此外尚有四尺鉤樴一，七尺臿築一，九尺戟、艾各一，十尺木甬一，均可備考。

目錄

(子)備城門……一
(丑)備高臨……三九
(寅)備梯……四三
(卯)備水……四九
(辰)備突……五二
(巳)備穴……五五
(午)備蛾傅……七五
(未)迎敵祠……八四
(申)旗幟……九〇
(酉)號令……九六
(戌)雜守……一三八

（子）備城門第五十二

1 禽滑釐問於子墨子曰：由聖人之言，鳳鳥之不出，諸侯叛殷周之國，甲兵方起於天下，大攻小，强執弱，吾欲守小國，爲之柰何？

禽滑釐，墨子弟子。據墨子公輸篇，公輸般爲楚造雲梯以攻宋，墨子使弟子禽滑釐等三百人爲宋城守，楚卒不攻宋。

殷，王也，殷周猶云王周，正言之曰周王，舊解都不確。

2 子墨子曰：何攻之守？

3 禽滑釐對曰：今之世常所以攻者，臨、鉤、衝、梯、堙、水、穴、突、空洞、蟻傅、轒轀、軒車，敢問守此十二者柰何？

此節共列攻城法十二種，分釋如後：

臨一，以高臨下也，後有備高臨篇，言積土爲高，以臨我城，可參看。通典一六〇攻城戰具云：「於城外起土爲山，乘城而上，古謂之土山，今謂之壘道；用生牛皮作小屋，并四面蒙之，屋中置運土人以防攻擊者。土山卽孫子所謂距闉也。」孫云：「書費誓孔疏云，兵法、攻城，築土爲山以闚望城內，謂之距堙，孫子謀攻篇作距闉，曹操注云，距闉者，踊土稍高而前以附其城也，尉繚子兵敎下篇云，地狹而人衆者則築大堙以臨之，蓋堙與高臨略同，惟以堙池爲異。」辨臨與堙之別，比漢以來注家較勝，臨之要點在築土爲山，可參下文堙。宋王致遠開禧德安守城錄云：「如皮洞之類，一望數百，夾道如屏，以覆役者，矢石不能害。」皮洞即通典之生牛皮小屋。

鉤二，六韜軍用篇有飛鉤長八寸，鉤芒長四寸，係用以鉤着城壁，援引而上，其爲用與梯同，故又稱「鉤梯」，但與梯大異。至於宋湯璹德安守禦錄所稱用長鉤鉤城上人，則只是普通的軍器。

衝三，衝首見于詩大雅皇矣篇，則其製法很古。詩云：「以爾鉤援，與爾臨衝，以伐崇墉。」毛傳：「鉤，鉤梯也，所以鉤引上城者。臨，臨車也。衝，衝車也。」正義：「臨者在上臨下之名，衝者從旁衝突之稱，故知二車不同，兵車有作臨車、衝車之法，墨子有備衝之篇，知臨、衝俱是車也」。又高誘淮南子注：「衝車，大鐵著其轅端，馬被甲，車被兵，所以衝於敵城也。」衝車亦見太平御覽七七〇引越絕書，乍觀之，似衝之制與普通車制相近，但戰國策齊策說「百尺之衝」，如果形狀近於乘坐之車，何以謂之百尺？又本書寅篇6「機衝棧城廣與隊等」，假使是一般之車，在城上運用，很不利便。又寅篇7「守爲行堞，堞高六尺而一等，施劍其面，以機發之，衝至則去之，不至則施之。」綜合上項考察，知古代之衝，其制實與一般之車異。逸周書小明武解：「其行衝梯，振以長旗。」如想換一較適當的名稱，當呼爲「衝梯」。自毛傳以「衝、衝車也」含糊解之，後世相承不變，於是有詩經「用衝車來攻打高高的城牆」之誤會。求諸後世，則開禧德安守城錄：「虜以步騎入景陵門，布陣周密，有對樓、天橋，高與城齊，橋上以木爲過道，約廣一丈，其長倍之。」又：「以對樓及望樓四，將取道衝城上。」古所謂衝，大約卽對樓之類，故可「以伐崇墉」，惜墨子備衝篇今已佚，不得而質證之。後檢明茅元儀武備志刻有臨衝呂公車圖，凡分五層，無疑卽其遺制。

梯四，卽雲梯，後有備梯篇，可參看。通典一六〇攻城戰具云：「以大木爲床，下置六輪，上立雙牙，牙有栝梯，長丈二尺，有四桄，相去三尺，勢微曲，遞互相栝，飛於雲間，以窺城中。有上城梯，首冠雙轆轤，枕城而上，謂之飛雲梯。」（參據太白陰經卷四，校正錯字。）武備志有雲梯及飛梯圖。

堙五，塞也，塡塞池壕才可以靠近城根。左傳襄公六年：「晏弱城東陽而遂圍萊，甲寅，堙之，環城傅於堞。」堙而後貼附城堞，便見堙字之眞義。宋王致遠開禧德安守城錄所言虜悉力塡壕，壕漸爲平地，距城甚邇，卽其遺法。舊說以堙爲就城外起土山，則與前文的「臨」相複；因池壕塡滿後亦可起土爲山，乘城而上，故後人併作一事，如公羊傳宣公十五年「子反乘堙而窺宋城」，又德安守城錄「土山已過石壕，距城不遠」，卽其例也。

水六，後有備水篇，卽後世決水淹敵之法。

穴七，後有備穴篇，幷參看下文突八。

突八，後有備突篇，但未說及怎樣用突來進攻。左傳襄公二十五年，鄭伐陳，宵突陳城，杜預注：「突，穿也。」三國志魏明帝紀注：「諸葛亮攻陳倉爲地突，欲踊出於城裏，郝昭於內穿地橫截之。」孫疑「穴爲穴地，突爲穴城」。余按穴、突之外，尚有空洞，此三事互異之處，前人均未能明別。考備穴篇言穴攻，「穴土而入，縛柱施火，以壞吾城。」篇內又舉以穴應穴之法，穴卽今之隧攻，已無疑義。備突篇有突門，「突攻」不過出人不意突衝城下之謂（參辰篇1），並非穴城，其穴城則應相當於本篇之空洞。如是分釋，斯三事各別，可以破歷來注家之含混。後檢六韜突戰篇：「其三軍大至，薄我地下，……如此者謂之突兵。」突之義爲猝攻，得此可成定論。

空洞九，參上文突八。

蟻傅十，傅卽附字，猶今之密集隊衝城，後有備蛾傅篇。

轒轀十一，通典：「攻城戰具，作四輪車，上以繩爲脊，生牛皮蒙之，下可藏十人，塡隍推之，直抵城下，可以攻掘，金、火、木、石所不能敗，謂之轒轀車。」余按隍爲繞城之壕，塡隍卽前文之「堙」，轒轀車具破壞力量，則古代之坦克（tank）也。武備志有轒轀車圖。

軒車十二，孫熲卽樓車，左傳宣公十五年，「登諸樓車，使呼宋而告之。」余按軒、掀音同，掀，高聳也。通典一六〇攻城戰具云：「以八輪車上樹高竿，竿上安轆轤，以繩挽板屋止(上)竿首，以窺城中。板屋方四尺，高五尺，有十二孔，四面別布車，可進退，圜城而行，於營中遠視，亦謂之巢車，如鳥之巢，卽今之板屋也。」又德安守城錄常言對樓臨城，且可以四周移動，皆古代軒車的遺法。武備志有望樓車及巢車圖。

4 子墨子曰：我城池修，守器具，樵、粟足，上下相親，又得四鄰諸侯之救，此所以持也。

此節言守城之必備條件。具，備也。樵，薪也。持，猶持久之持，亦守也。

5 凡守圍城之法：城厚以高。壕池深以廣。樓撕脩。守備繕利。薪食足以支三月以上。

人衆以選。吏民和。大臣有功勞於上者多。主信以義，萬民樂之無窮。不然，父母墳墓在焉。不然，山林草澤之饒足利。不然，地形之難攻而易守也。不然，則有深怨於適而有大功於上。不然，則賞明可信而罰嚴足畏也。此十四者具，則民亦不宜上矣，然後城可守。十四者無一，則雖善者不能守矣。

此又言守圍城之十四條原則，今於每一原則下斷爲一句，以便閱讀。墨子弟子分爲數家，往往各記錄其師之口說，故尚賢、尚同、兼愛、非攻等均有三篇，文章大同小異，本節意義與前節多少相複，即屬此類，我所以把它移附其後，使讀者便於比觀(畢本此節在63節後)。

池亦壕也，故通俗言「城池」。

樓撕即64之磿㯕，古字才旁與木旁通用，故撕即㯕，後倣此。

俞以大臣有功勞至萬民樂之無窮爲一事，非是。大臣一句即管子九變之「有厚功於上」，「主信以義，萬民樂之無窮」，即管子「上之教訓習俗慈愛之於民也厚，無所往而得之」，故民守戰至死而不怨其上。適即敵人之敵，墨子文常用「適」爲「敵」，下倣此。

宜，舊解都不確，余按「宜」「疑」今音相同，古音亦甚相近，下不疑上即上下相得，故能守。

6 且守者雖善(而君不用之)，則猶若不可以守也。若君用之守者，又必能乎守者；不能而君用之，則猶若不可以守也。然則守者必善而君尊用之，然後可以守也。

此節申論守城之人材。「而君不用之」五字，據盧文弨補。「若君用之守者」兩句，猶言「君上用以守城的人，必須其才能够守城的」，吳注：「在事實上善守者君未必用，君用之守者又未必能，此城之所以多不可守也，俞改『乎』爲『守』，似可不必。」按俞讀作「若君用之守者又必能守，守者不能而君用之」。（國學基本叢書本點句有錯誤，茲改正。）這樣一來，就可能令人解爲「君上用以守城的人必定能守」，于文義上有缺陷。吳讀如「若君用之守者又必能乎」？以爲疑問語氣，亦不甚聯屬。「又必能乎守者」卽須要能够守城的人，故跟着說「不能而君用之」。𡩟用猶專用。

7 **故凡守城之法，備城門爲縣門沈機，長二丈，廣八尺，爲之兩相如；門扇數令相接三寸，施土扇上，無過二寸。塹中深丈五，廣比扇，塹長以力爲度，塹之末爲之縣，可容一人所。**

此節說縣門及塹法。縣卽懸字，左傳莊公廿八年「縣門不發」，又襄公十年「偪陽人啓門，諸侯之士門焉，縣門發，聊人紇抉之以出門者」，孔疏說：「縣門者編版廣長如門，施關機以縣門上，有寇則發機而下之。」卽武備志所刻插板圖。

沈字疑不誤，沈、下也，可以縣門放下，故曰沈。機，猶今言機器。兩相如，孫謂左右兩扇同度。數，畢云「同促」，相接三寸者使無縫隙。施土者用土塗之以避敵人火毁，通典「城門扇及樓堠，以泥塗厚備火」，是也；土太厚則易落，故云無過二寸。

塹，坑也，當是縣門放下時使其下截落入坑內，故闊度須與門扇相同。

力，舊疑「方」或「仂」字之訛，均非是，按力卽人力，計自己所有人力而作之。

爲之縣，卽司縣門人的所在，故曰可容一人所。運注釋「縣」爲「繩」，不確。

8 客至，諸門戶皆令鑿而慕孔之，各爲二慕，一鑿而繫繩，長四尺。

此節說門戶鑿模之法。太白陰經「爲敵所逼，先自鑿門爲數十孔，出强弩射之」，即此。

客，敵人也，如言主客異勢，即以客爲敵。

下慕字舊本作幕，今依上慕字改。孫謂幕當作冪，非是，按慕、摹、模同音，摹、模同義，模，形也，謂鑿門爲孔形，每門各有二孔，一孔繫以繩，繩長四尺。

9 救熏火：爲烟矢射火城門上，鑿扇上爲杙，塗之，持水麻斗、革盆救之。門扇薄植皆鑿半寸（一寸），一涿弋，弋長二寸，見一寸，相去七寸，厚塗之以備火。城門上所鑿以救門火者，各一垂水，容三石以上，小大相雜。

此言抵抗敵人用火箭射燒城門之法。

熏火舊作車火，寅篇6作熚火，孫疑熏火之誤。余按集韻，熚一音熏，則兩字可通用，熏，灼也。

烟矢當是附着火種之箭，亦稱火箭，按通典一六〇攻城戰具云：「以小瓢盛油冠矢端，射城樓櫓板木上，瓢敗油散，因燒矢鏃，納簳中射油散處，火立然，復以油瓢續之，則樓櫓盡焚，謂之火箭。」敵人用火箭射我城門者，欲將城門燒去也。

杙原作棧，畢引說文「棧，棚也」作注，然而在門扇上作棚，於事實難通，孫疑是杙的訛文，只因通典也有「門棧以泥厚塗之」的說法，遂未改定。按杙與弋同，改「杙」則下文的「涿弋」不至突如其來，余以爲孫說可從。塗謂用泥塗之。麻斗者麻布所製之斗，革盆、革製之盆，用以載水，現在西北還有羊皮水缸。薄同欂，欂植皆柱也。鑿即前文之鑿孔，門扇及柱皆鑿孔，孔深半寸或一寸，以安椓弋（涿同椓）；椓弋係尖圓狀之木（近代宮門、廟門之「門丁」，當即椓弋遺制），使敵矢易於滑下也。見一寸者指突出部分之長度，按見、見于外也，畢疑「見」爲「閒」，非是，因弋長二寸，孔深半寸或一寸，故突出之部分長一寸，運本改「見」爲「寬」，大誤。相去七寸，指各弋相距之度。所鑿當「所置」之訛。垂亦作甀，儲水器，余疑或「缶」之訛，見下87。運本改「者」爲「有」，解爲「有名一垂水」，不可通。

10 **門植關必環錮，以錮金若鐵鍱之。門關再重，鍱之以鐵，必堅。梳關，關二尺，梳關一莧，封以守印，時令人行貌封及視關入桓淺深。門者皆無得挾斧、斤、鑿、鋸、椎。**

此敍關鎖城門之法，已上四節皆就城門言。

植者持門之直木，關者持門之橫木，環錮按即頑固，亦即穩固，猶下文云必堅也。錮金余以爲借作「固金」，不應依孫改作銅。鍱、包也，植關之木，須用五金包之。

再重當是上下兩重，梳，按即今鎖字（吾縣同音），二尺指鎖的長度，莧借作管。守即太守，城之長官。貌字我初稿依畢改作「視」，繼思之不然；此處如作「視」，下文便不須重出「視」字。貌訓形象，荀子注「今謂畫物爲貌」，此處係用作動詞，即看封條的外貌有無改變，以防私開，運訓「潛視」，已得其意。

桓謂門扇內面兩旁之直木，所以制橫關者，橫關入桓深則固，淺則不固。運謂桓當爲植，亦通、周禮鄭注「雙植謂之桓」。

門者謂守門人，禁其攜帶利器，防有變也。

11 **城上二步一渠，渠立程，長丈三尺，冠長十尺，辟長六尺。二步一荅，荅廣九尺，表十二尺。**

此言城上置渠荅之法。尉繚子「無渠荅而守」，則渠與荅是守城之具。漢書注引蘇林「渠荅，鐵蒺藜也」，但觀本文所記，渠和荅尺度各異，蘇林的解釋顯然不適合。程者直立之杠，冠卽渠頂，辟卽臂字，觀此，知渠制有臂，但他書都無記載，其法必早已失傳，今依本書所示，尙可推知大概，可參看後文37、80兩節。

古以六尺爲一步，二步等於一丈二尺，言城上每隔一丈二尺便豎一渠，以後類推。

荅爲何物，舊解不詳，余按粵俗呼竹編之遮障物爲「笪」(tat)，與「荅」音甚近，據字書，笪一曰笞(卽荅)，一云覆舟簟，無疑是遮障矢石之物。「表」按當作「長」(參下午篇10)，作袤亦通。

12 **二步置連挺，長斧、長椎各一物；槍二十枚，周置二步中。**

此節敍守城雜器，亦就城上言之，以下各節同。

連挺卽連梃，通典云：「連梃如打禾連枷狀，打女牆外上城敵人。」今俗打禾桿分兩節，可以旋轉，取其用力省而打擊重，且可於爬城敵人相距七八尺時用之。

古人以木之兩端尖者爲槍，周置猶云分置，就一丈二尺內地方分置之，不堆放一處以便取用。

13 **二步一木弩，必射五十步以上。及多爲矢，卽毋竹箭，以楛、趙樜榆可。益求齊鐵矢，播**

以射衝及櫳樅。

此節記木弩之法。太白陰經：「木弩以黃楊、桑、柘木爲之，可長一丈二尺，中徑七寸，兩梢三寸，以絞車張之，巨矢一發，聲如雷吼，以敗隧卒。」五十步等於古尺三十丈。

毋、無通用，古以竹箭爲佳，卽使無竹供給，亦可取他種木料代用，肅愼楛矢，上古甚有名，樜卽柘，按廣雅釋木「柘榆，梗榆也」，試與下文「齊鐵」比觀，趙指趙產之柘榆。運誤以「可」字屬下讀，今俗語還有用「可」煞尾的。

齊鐵指齊地所產鐵，史記貨殖傳言魯人曹邴氏以冶鐵富；則戰國時代齊、魯爲出鐵地方。矢舊本作夫，今據孫改，吳以爲贗，無非欲打擊朱念祖墨子時代無鐵兵之說，然前10言鍱鐵必堅，則冶鑄工業已達相當之進步，安見不可作鐵矢？況「矢」與「射」相應，「夫」與「射」不相應，舊本墨子固有「矢」「夫」互訛之例(見王校)，吳亦嘗據以改正。且戰國有鐵兵已爲不容否認之事實，墨書大半由墨氏弟子輩所寫，何故不能有鐵兵也。

播，分布也。衝卽衝梯。櫳樅者用以窺伺之建築物(非攻具，見下25)。分布鐵矢於城上各處，豫備射擊衝梯等物。

14 二步積石，石重中鈞以上者五百枚。毋石以亢，疾犂、壁皆可善方。

此節言積石之法，積，儲積也，下同。

中，半也。三十斤爲鈞，中鈞約十五斤。

亢，抗敵也。吳云，毋石卽無石，甓卽甓磚。善方，繕防也。無石可用，則疾犂（大約兼指木製疾犂及自然的荆棘）及磚亦可充防備之具，參下103疾犂投。

15 二步積苣，大一圍，長丈，二十枚。

此節言積炬（卽苣）之法，備急猝夜戰之用。

16 五步一罌，盛水。有奚蠡，奚蠡大容一斗。

此言儲水之法。奚蠡卽瓠瓢，汲水供飲之具。

17 五步積狗屍五百枚；狗屍長三尺，喪以茅，兑其端，堅約弋。

此節言積狗屍之法。

狗屍、下文95節作狗犀，孫以爲行馬、柞鄂之類，景羲又疑卽開禧德安守城錄之狗脚木。余按行馬是遮攔之具，柞鄂是捕獸之物，在城上幷非時常適用，亦似不得以枚計，且三丈之內，哪能積放五百之多？不特無補於抗敵，且有礙自己作戰，其說必誤無疑。狗脚木武備志有圖，作掛物之用，更非其類。今考狗屍實繩類，備束縛之用，以茅紐成。本書之「長」字，屢訛爲「喪」，「以」又「似」之誤，長似茅者言狗屍之長三尺，約同於茅之長度。兑卽「銳」字。弋猶繳、繞也，堅約弋卽紐纏緊固，勿使鬆懈。

中外學者多說戰國諸子受印度影響，據我的看法，墨子書裏確夾雜些西北方言，古典常寄聲不寄形，從「狗屍」的字面求解，雖是研究方法之一，但「屍」一作「犀」；「屍」「尸」相通，而「尸」復可寫作「死」

（見序言），故應用此種方法于墨子是比較危險的。序言曾說過，名稱討論擬另成專篇，所以此處不再申述，下倣此。

18 **十步積摶，大二圍以上，長八尺者二十枚。**

此言積柴摶之法。摶，柴束也，今粵呼柴把。下文28積稈亦言「大二圍以上者五十枚」。

19 **二十五步一竈，竈有鐵鐕容石以上者一，戒以爲湯。及持沙，毋下千石。**

此言積竈及沙。鐕卽鬵字，揚雄方言云：「甑，自關而東或謂之鬵。」容石或作「容二石」。戒，備也，湯卽熱水。

持猶「峙」，儲備也，毋下千石猶言不可少過千石。

20 **三十步置坐候樓，樓出於堞四尺，廣三尺，廣四尺，板周三面密傅之，夏蓋其上。**

此節言建坐候樓之法，備晝夜瞻視敵情。

堞，城上女牆。出於堞四尺，孫解爲飄出城外四尺，通典：「建堠樓，以版跳出爲櫓，與四外烽戍晝夜瞻視。」

廣三尺就上層言之，「廣四尺」當云「下廣四尺」，樓形向上漸狹，大約利於禦風。樓後面可不遮掩，故只三面有板，傅卽塗泥，所以防火，夏蓋其上，所以避日。

21 **五十步一藉車，藉車必爲鐵篡。**

此言藉車之法。畢疑卽巢車，孫以爲未確，可參看下文40、82及101。篡或作纂，畢疑籑。

22 **五十步一井屏，周垣之，高八尺。**

此言築廁之法： 按釋名：「井、清也。」又說文：「圊、廁清也。」此井非汲井，乃後來之「圊」，發音只逕氣或不逕氣小異。 **屏或作庰，廁也，「井屏」合言亦爲廁。** 因其汚穢發臭，故築八尺高之垣以圍繞之。

23 **五十步一方，方尙必爲關籥守之。**

此言築房之法，方卽房，備守城者入息之所，故加以鎖鑰。 方尙猶云「房上」。

24 **五十步積薪，毋下三百石，善蒙塗，毋令外火能傷也。**

此言積薪之法，當是專供燒火，與前18積摶之用法不同。 薪數不可少於三百石，係指重量言，古以百二十斤爲一石。 善蒙塗者用泥來塗蓋，通典：「柴草之類貯積，泥厚塗之，防火箭飛火。」

25 **百步一櫳樅，起地高五丈；三層，下廣前面八尺，後十三尺，其上稱議衰殺之。**

此言築櫳樅之法，櫳樅見前13。 高度自地面起計，故曰「起地」，其體下廣上銳，前狹後闊，自下至上，酌度其合宜(議，宜也。)而逐漸減小，衰殺、減小也。

26 **百步一木樓，樓廣前面九尺，高七尺，樓軵居坫，出城十二尺。**

此言建木樓之法。 樓軵居坫句有誤，余疑其與太白陰經四所載「笓籬戰格」有闕； 宋許洞虎鈐經說：「笓籬戰格於女牆上跳出椽，去牆三尺，橫著檢椽安轄，以荆、柳編之，長二丈，闊五尺，懸椽端以遮矢石。」通典文略同，但作「內著橫括，椽端安轄」。 合參數書，余疑「軵居坫」是「椽著轄」之壞字，惟「出城十二尺」似太長，可能由「三」字誤析爲「十二」兩字。

27 百步一井，井十甕，以木爲繫連。水器容四斗到六斗者百。

此言開井之法，惟城上不得有井，應就城下言之。

蘇云：「繫連所以引甕而汲。」孫疑擊邊（卽桔槔）之誤。

甕所以貯水，水器則指由甕取水之器，兩「斗」字似當依日本寶曆本作「升」。

28 百步一積雜秆，大二圍以上者五十枚。

此言積稈（秆卽稈）之法。上文18柴搏是木柴，24薪是雜草料，此專指禾稈，三者有别。

29 百步爲櫓，櫓廣四尺，高八尺。

此言置櫓之法。櫓、大楯也，亦遮障物。

30 爲衝術。

衝術卽下72「衝隧」。此處文字當有奪漏，孫云：「此下所爲，皆以當衝隧。」非是。幽竇、立樓等皆與衝隧無關，讀者自知之。

31 百步爲幽竇，廣三尺高四尺者十。

此言開暗溝之法。通溝以防水謂之竇，幽竇卽暗溝，謂六十丈之內當開暗溝十條。

32 二百步一立樓，城中廣二丈五尺，長二丈，出樞五尺。

本節言建立樓之法。

「出樞」、孫疑當作「出拒」，拒與距同，足也（參丑篇2節），謂立樓之橫距出堞外者五尺。由二丈五尺減去二丈，卽餘五尺，「廣」與「長」義實無異，末二句可能是注文。

33 **城上廣三步到四步，乃可以爲使鬬。**

此言城上所需寬度，謂必如此乃可以供使用及便于守卒之活動。

34 **俾倪廣三尺，高二尺五寸。**

此言睥睨(同俾倪)，城上小牆也。釋名「言於其孔中睥睨非常」，是疑有孔可窺見外面者爲睥睨，無孔者爲女牆，卽通典一五二所謂「覰賊孔」。

35 **陛高二尺五寸，廣、長各三尺，遠廣各六尺。**

此言陛的尺度，陛者升高之階級，參看下41。

末句「遠廣」或作「遠唐」，亦難曉。運以爲遠卽長，余頗疑末句是另一墨家之說，故有「各三尺」、「各六尺」之異。

36 **城上四隅童異，高五尺四尉舍焉。**

此言四尉所居地，尉爲協助守城之長官。

「童異」之大意，猶云要害地方（屬于西北方言），因一隅可以兼顧兩面之故。孫疑爲重婁，但高只五尺則不合。

已上各節，由二步一渠起，而五步、十步、二十五步、三十步、五十步、百步以至二百步，除27外，大致皆論城上之佈置。

37 **城上七尺一渠，長丈五尺，貍三尺，去堞五寸；夫長丈二尺，臂長六尺。半植一鑿內，後長五寸。夫兩鑿，渠夫前端下堞四寸而適。貍渠、鑿坎，覆以瓦，冬日以馬夫塞，皆待命，若以瓦爲坎。**

渠已見前11節，此又複出，如非後人注文，則爲墨學的別家所記，故詳略不同（說見篇首凡例，以後倣此），所異者如前文二步一渠，此七尺一渠，前文渠長十三尺，此爲十五尺，是也。

貍，今俗作埋，卽入土三尺。去堞五寸謂在離堞五寸的地方立渠。

俞云：「夫同趺字。」余謂實「膚」字之假借，膚、夫同音，暴露於外者爲「膚」，由丈五尺減去埋土三尺，則露出部分（夫）爲丈二尺。丈三尺（依11）減去入土三尺，則現出十尺，是本節之「夫」，卽前文11之「冠」。

半植一鑿內（卽枘）者，謂於臂長正中處開一孔。「後長五寸」孫疑「徑五寸」之訛。

夫兩鑿者，于渠柱露出之部分鑿兩孔也。渠夫一句似謂渠柱之頂端比堞較低四寸爲適合，是否待考。

管子地員篇注「馬夫」，草名，孫疑馬矢之訛，亦通。

皆待命謂候命令而後執行。「若以」卽「或以」，言如此作法亦得。

復次，古人常「渠荅」連言，此兩者必互有關係，今合本節及前11推之，余以爲渠制先立一柱（卽前文之程），鑿兩孔，臂是横木，於當中鑿一孔，懸之柱上，作十字形，然後外面張荅。渠夫長十二尺，荅亦長十二尺，可見其相配之跡。渠荅既用來阻擋矢石，則立柱必易受拋擲之力而搖動，故埋柱處須用瓦塡充，冬日土燥，再以物塡塞之，如此解釋，則本書所記渠荅，皆無不可通之處。蘇林乃以爲蒺藜，正是謬以千里。再換言之，渠像船上之桅，荅就是帆。通典一五二：「布幔，複布爲之，以弱竿橫掛於女牆外，去牆七八尺，折拋石之勢，則矢石不復及牆。」(參太白陰經校正)殆即荅之遺制(通典守具無荅之名稱)。周書三一韋孝寬傳：「城外又造攻車，……孝寬乃縫布爲緩，隨其所向，則張設之，布既懸於空中，其車竟不能壞。」則又推廣其用途者。

38 **城上五十步一表，長丈，棄水者操表搖之。**

此言置棄水表之法。傾水易汙人，口號恐難及遠，故搖表以示之。

39 **五十步一廁，與下同圂。之廁者不得操。**

此言置廁，略復前22節。

圂者積穢物之處，城上本自有廁，所言穢物同貯城下，當係就清除時言之。如(之，往也。)廁者或禁操持某種器具(例如10門者皆無得挾斧、斤、鑿、鋸、椎)，「不得操」下也許有缺文，吳以爲「不得操表而搖之」，非也。或說「操」與「噪」「嘈」只一音之轉，不得噪亦可通。

40 **城上三十步一藉車，當隊者不用。**

藉車再見，前21作五十步。

隊即隧字，指攻隧。不用下，孫謂脫「此數」二字，參看下82節。

41 城上五十步一道陛，高二尺五寸，長十步。

陛見35，但未言五十步；又前言廣長各三尺，此言長十步，亦相差太大。

42 城上五十步一樓⿰扌孔勇，樓⿰扌孔勇必重。

樓⿰扌孔勇之⿰扌孔，或從木作⿰木孔，在古文固可通用，但⿰扌孔、⿰木孔均字典所無，前人都未作解，余按應讀如「孔」或「哭」，樓⿰扌孔勇即樓也。梁思成論層樓說：「漢畫像石和出土的漢明器已使我們知道中國多層樓屋源始之古遠。」（文物參攷資料二卷五期一三頁）按墨子已說重樓，則多層樓的建築總可上推至戰國以前。

43 土樓百步一，外門發樓，左右渠之。爲樓加藉幕，棧上出之以救外。

按26節百步一木樓，此土樓疑亦木樓之訛。

發樓，孫疑亦指縣門，引下107縣梁又稱發梁爲證，渠、塹也。余按107節亦言發梁之下，旁有溝壘。

藉幕即遮幕，粵語借、遮同音，參下81。

棧即下49之行棧及107之棧，橋道也，但全句語意不明，或「出之」作突出城外解。

44 城上皆毋得有室，若他可依匿者盡除去之。

此節結言城上凡有可隱匿之處，皆須拆除，以防奸宄。

45 城下州道內百步一積薪，毋下三千石以上，善塗之。

此言城下百步積薪，與前24城上五十步積薪相對照。州道即周道，餘見前。

46 城上十八一什長，屬一吏士。

此又回說到城上守者之組織。「屬」或卽「其屬」之省，言所屬有一吏士也。

此下舊本有「一帠(或作亭)尉」三字，當係下節文之複出。

47 百步一亭，垣高丈四尺，厚四尺，爲閨門兩扇，令各可以自閉。亭一尉，尉必取有重厚忠信可任事者。

此節敍置亭及亭尉。前36言四尉居城上四隅，此言六十丈置一亭尉，可比看。

閨門卽亭垣之門。

48 二舍共一井爨，灰、康、粃、秠、馬矢皆謹收藏之。

此節記雜事。

孫云，舍卽什長及尉所居。

康今作糠，粃者秕子，秠者穀皮，與馬矢數物，皆乘風於城上揚散之，以眯敵目，故謹其收藏。

49 城上之備：渠譫、藉車、行棧、行樓、到、頡皐、連梃、長斧、長椎、長茲、距、飛衝、縣□、批屈樓。

此節復總述城上應設備之具。

渠譫(卽渠荅)、藉車、連梃、長斧、長椎五事，見前文11、12及21。

行棧見下酉篇2及33，余按前43節有「棧上出之以救外」，疑卽一物。

行樓，孫疑即前26之木樓，其説未可信，木樓是固定的。

「到」字訛，孫疑「斳」，按下62有「斸」，斸和到音甚相近。

頡臯即桔槔，一端懸石，用以起重省力之具。

孫云「茲即茲基，鋤也」；又謂距疑即巳篇21之鐵鉤鉅。

飛衝，孫謂即衝車，不確。余疑是抗衝之械，或即德安守城録之撞竿，武備志又有撞車圖。

「縣」下各本多無缺文，孫疑即74及99之縣梁。批屈，疑係「翅膀」之義，連樓字爲句，即有翼的樓，參看下節。

50 五步一堞，下爲爵穴，三尺而一。

我初稿依孫、吴的讀法，以「樓五十步一」爲一節，又「堞下爲爵穴，三尺而一」另爲一節，後來復檢蘇説，他云：「案堞，女牆也，當爲五步一堞，『十』字衍，下言五步一爵穴，可證。」細思之，實比孫説爲優。因本篇文例常先言若干步，再舉出應置備什麽物事，如讀爲「樓五十步一」，則與常例不相符，而且堞在什麽地位設置，也感到落空，故改從蘇説，并衍「十」字。「三尺」，余以爲「三丈」之誤，三丈即五步，蓋注文或别家之文也。參看下97。

51 爲薪，臯二圍，長四尺半，必有絜。

前24已言五十步積薪，此又再詳其度。二圍者大二圍也（前文18積摶、28積秠皆大二圍以上），「臯」，孫疑即前之頡臯，但與薪無關，又不可通，余以爲「辜」之訛，辜較二圍猶謂大概爲二圍。絜即舉重力之單位，詳下文106。

52 瓦石重二斤以上，上城上。

前14二步積石，石每枚重十五斤以上，此處又放寬尺度，改爲重二斤以上。第二「上」字是動詞，言盡上之於城上也。

53 沙五十步一積，竈置鐵鐕焉，與沙同處。

沙及竈鐕均見前19，彼處言廿五步，此言五十步，蓋墨子弟子所聞各有不同。

54 木大二圍，長丈二尺以上，善耿其本，名曰長從，五十步三十。

此言積木之法。

耿、綆同音，謂用索聯好木本，勿使走散。

從按卽縱字，長木也，亦有衝撞之義，每五十步放三十枚。

55 木橋長三丈，毋下五十。

此言木橋之設置。

56 復使卒急爲壘壁，以瓦蓋復之。

此言壘壁。復卽覆，謂以瓦遮蓋之，但余疑第一個「復」字是衍文。

57 用瓦木罌盛水，且用之，容十斗以上者五十步而十，五斗者十步而二。

前16已言五步一罌盛水，此節再補充其說。

「且用之」，謂隨時可取用，非儲而不用。

前16言汲水之奚蠡容一斗，故盛水之罌須五斗至十斗。五步一罌卽十步二罌，亦卽五十步十罌，中言之，每五步內有大、小罌各一具，前9節所謂小大相雜也。

58 臿、櫱，七尺一，櫱有銻。

此節與前37「七尺一渠」相照應。臿、鍬也，所以插地起土，櫱是舂土之杵，渠須掘坎埋之，故置臿、櫱備用。

有銻，舊解不明，余按銻卽蒂字，櫱土之杵，手持處須較細，故名曰蒂。

59 居屬，五步一。壘五。

居屬，卽斫斸或句欘，鋤之類。

壘亦作虆，盛土之籠，與鋤相依爲用者，故每五步內置五枚。

60 長斧，柄長八尺。

前12節二步置一長斧。

61 十步一長鎌，柄長八尺。

鎌以刈草或割繩等用。吳以「十步一」屬上長斧，茲依孫讀。

62 十步一鬬。

鬬卽斲，吳以「十步一」屬上長鎌，則「鬬」變爲一字句，茲依孫讀。

63 長椎，柄長六尺，頭長尺，兌其兩端，三步一。

前12節二步置一長椎，此作三步異。

兌卽銳字，舊訛斧，據孫改。椎卽錐，頭端是尖的，故云「銳其端」，「兩」字疑衍文（與下71之「兩末」不同）。

自49城上之備起至此節止，多是補充前文未盡之說。

64 城四面四隅皆爲高磿撕，使重室子居其上候適，視其能狀與其進退、左右所移處；失候斬。

此節敍城樓望敵之法，可與前36節參看。

四面謂正四方，再加上四角，卽城之八面。

磿撕卽5節樓撕，王云，磿音櫪，樓之異名。重室子謂貴家子弟，候、斥候，望也，使居高樓執行望敵任務，參酉篇5。能，古態字，態狀卽狀態。梁思成論敦煌壁畫中所見院的部署，「一般的庭院四角建樓的佈置，至少在形式上還保存着古代防禦性的遺風。」（文物參攷資料二卷五期一一頁）按這裏的高磿撕就是古代四隅設防樓的例子。

失候斬者，斥候失職，不報告敵之動態，貽誤甚大，故處以斬刑。

65 適人爲穴而來，我亟使穴師選士，迎而穴之，爲之具內弩以應之。

此節言抵禦敵人穴攻之方法，蘇以爲本是備穴篇文而錯入於此者。

亟，急也。穴師者精於開穴之工師，審知敵人在某處穴攻，卽就其處開穴迎拒之，乃以穴禦穴之法。內弩，短弩也，備穴中射敵之用。

66 **民室材木、瓦石可以益城之備者，盡上之，不從令者斬。**

此節言征繳民間材料，備守城之用。盡上之者猶言盡數上繳于公家。

67 **守法：五十步丈夫十人、丁女二十人、老小十人計之，五十步四十人。城下樓卒率一步一人，二十步二十人。城小大以此率之，乃足以守圉。**

此言分配守卒之方法。五十步四十人一節，孫謂就城下分配言。丁女指成年之女子（通典亦稱壯女），與丈夫對舉。古文上作「二」，下作「二」，兩字甚易混，余謂「城下」乃「城上」之訛，今粵語稱城上爲「城樓」，可證。率、大約也，一步一人，則五十步應五十人，前文言「五十步四十人」，故曰大約。圉同禦。

68 **客馮面而蛾傅之，主人則先之知，主人利，客病。**

此分析蟻附攻法之利害。面卽城的四面，敵人馮城而蜂擁進攻（蛾卽蟻字），守者如先知其謀，則守者利而攻者不利。「之知」是古代文法，不必乙爲「知之」。

69 **客攻以遂，十萬之衆，攻無過四隊者；上術廣五百步，中術三百步，下術百五十步，諸不足百五十步者主人利而客病。廣五百步之隊，丈夫千人，丁女子二千人，老小千人，凡四千人而足以應之，此守術之數也。使老小不事者，守於城上不當術者。**

此分析隊攻之利害，遂猶今言隊伍展開綫，穆天子傳屢言七萃之士，萃、遂只方音小異，又遂、隊、術三字同音。敵衆雖十萬，大約不過分四隊進攻，其說頗類乎近世不宜多綫戰爭之軍略。攻道之面狹，則利於守者。五百步須用四千人拒戰，蓋比城下之守（前67言五十步四十人），增加十倍。無事之老弱，則使守城上不當攻道之處。

70 **城持出必爲明塡，令吏民皆知之。從一人百人以上，持出不操塡章，從人非其故人及其塡章也，千人之將以上止之，勿令得行；行及吏卒從之，皆斬，具以聞於上，此守城之重禁也，大姦之所生也，不可不審也。**

此節嚴出城之禁。明塡或塡章卽今護照及放行單之類，猶云塡明事由。從人非其故人一句，李云「謂從者易人幷易章也」申言之，故人卽「原人」，按荀子注「故猶本也」，亦卽「本人」，李說可從。孫訓「故人」爲「故所屬吏卒」，非也，所屬吏卒非先得許可也是不能隨便帶出城的。簡的來說，無照者和人照不符者均由千夫長拘留，不服令者先斬後報。「百人以上」四字余疑是注文，卽極其量之數，運本改爲「百人以下」。

71 **大鋋前長尺，蚤長五寸，兩鋋交之，置如平，不如平不利，兌其兩末。**

此言軍械鋋之制置。鋋爲小矛，蚤卽爪字。兩鋋交之以下，舊注都解釋不明，或謂兩鋋之「鋋」可能係「蚤」之誤，卽是兩蚤安置要平匀，使用起來，才不致失去重心；兌其兩末的「其」指蚤而言，所以便利向左右鉤刺。錄之以備參攷。兩末與「兩端」不同。

72 穴隊若衝隊，必審如攻隊之廣狹，令邪穿其穴，令其廣必夷客隊。

此言以隧道禦隧道之法；隊即隧道，與69節之遂不同，若，及也，或也。「如」，猶相當或因應，言我所挖之隧，須求其與敵隧之廣度相應，但不作對衝而作斜出，使可以夷平敵隧。

73 疏束樹木，令足以爲柴搏，毌前面；樹長丈七尺一，以爲外面。以柴搏從（縱）横施之，外面以强塗，毋令土漏，令其廣厚能任三丈五尺之城以上，以柴、木、土稍杜之，以急爲故。前面之長短，豫蚤接之，令能任塗，足以爲堞，善塗其外，令毋可燒拔也。

此言城外堆積柴搏之法。

前面似指前頭，柴束長短不齊，故當齊其一端，以便塗土；毌即「貫」之古字，連貫也。積柴搏之先，須擇高丈七尺之樹一條施於外面，然後就其內堆積柴搏。堆叠之法，縱横相雜，外面塗上粘韌之土，毋使其落下，柴搏之廣厚，足爲城高（三丈五尺）之屏蔽而止。又再用柴、木、土等佐之（按杜是「佐」字之誤，畢以杜爲木名，非是），以急（堅也）爲好（故，巧也）。前面之長短，亦豫先（豫蚤即「豫早」。）整齊之，使可塗土，足充城堞之用，勿令敵人得以燒毁或拔去。孫解「故」爲「事」，又說柴搏之上築堞，均不確。

74 大城丈五爲閨門，廣四尺。爲郭門，郭門在外，爲衡，以兩木當門，鑿其木，維敷上堞。爲塹縣梁，聆穿斷城，以板橋邪穿外，以板次之，倚殺如城勢。城內有傅堞，因以內堞爲外，鑿其間，深丈五尺，窒以樵，可燒之以待適。令耳，屬城爲再重樓，下鑿城外堞，內深丈五，廣丈二。樓若令耳，皆令有力者主敵，善射者主發，佐皆厲矢。治裾。諸延堞高六尺，部廣四尺，皆爲兵弩簡格。

此節大概言城門、板橋及城堞等作法，語多難解，以下摘述其大意。

丈五爲闉門，謂闉門之高丈五尺，闉門見前47。

維敷意猶維繫，謂就闕制郭門之兩木，鑿孔、繫繩而上連於堞也。

塹縣（與懸同）梁卽後世之釣（弔）橋。取板橋令從城穴向外邪伸出（畛卽令），板橋長未達地，則再以板接之（次者再接之謂）；板橋之斜度或坡度（倚殺），視城之形勢爲之，「如」卽前72審如之「如」，因應也。茲約示塹懸梁之概狀如下：

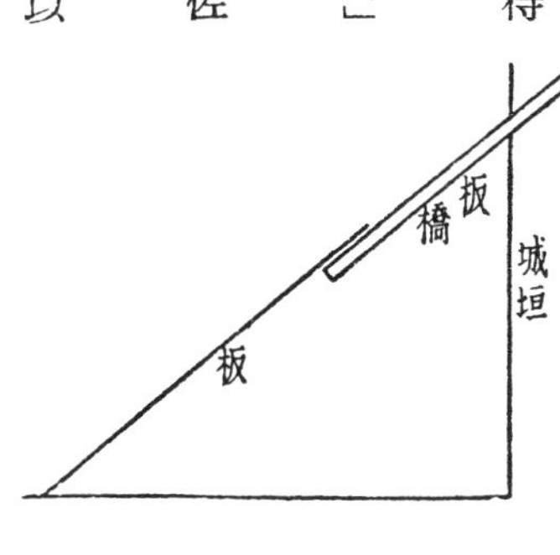

以內堞爲外堞，似是作退守之準備或敵人攻入時之抵禦，故云燒樵待敵；窒，充塞也。

令耳，運注爲「瓦溝備水」，與下文要嚴守令耳之情狀不符。余疑「令耳」應一逗，卽「屬城爲再重樓」的名稱，試看下文「樓若令耳」，也可爲證。厲矢見戍篇28。厲，利也。佐指輔佐之人，與「主」字相應，孫擬改爲「佐以厲矢」，不合，可與下節「佐一人」比觀。

治、置音近，余疑治裾卽寅篇10之置裾（裾字斷句，余與運本暗合，但它以爲「城」則誤），「諸」字當連延堞爲句（下101有諸藉車可證）。畢云，簡同闌，孫謂籣以盛弩，格卽歧閣；余按通典一五二：「城外四面壕內去城十步，更立小隔城，厚六尺，高五尺。」似與本文延堞有關，闌、格之義同爲「阻」，「皆爲兵弩簡格」句如解作皆置兵弩以闌格之，於文亦通。「部廣」卽各堞的寬度，孫解「部」爲守堞者之分域，未確。

75 **轉射機，機長六尺，貍一尺，兩材合而爲之輼，輼長二尺；中鑿夫之爲通臂，臂長至桓，二十步一，令善射之者，佐一人，皆勿離。**

此言轉射機之法；隋書禮儀志有旋機弩，或卽此。機有反動力，故須埋入土一尺。輼與前3節之轒輼異，在此處得有兩解：（一）輼、穩同音，穩定卽須具鎮壓之力。（二）輼爲鈐限之義，使其不至搖擺，故合兩材爲之，搖擺則發矢之瞄準不靈也。兩義似兼包之。「夫」者露出之部分（見前37節），中鑿夫之（猶鑿夫之中）卽於夫之半長處鑿孔，插入通臂，臂長伸至垣（桓字訛），所以減小其反動力。「善射之者」按應作「善射者主之」，方與「佐一人」語氣相應，後見李引運本亦有「主」字。

76 **城上百步一樓，樓四植，植皆爲通舄，下高丈，上九尺，廣、長各丈六尺，皆爲寧。**

前26百步一木樓，但高、廣不同；又43百步一土樓，高、廣未詳；此則重樓也，似與42之樓扤勇相當。植，柱也，樓四角各一柱。舄同碣，柱下石也（參巳篇13）。唯爲再重樓，故上下層各有高度。寧，畢云卽亭字，不確。考書經之「寧王」，自漢以後二千年，均如此讀，到近世大量金文發見，始由吳大澂等證實爲「文王」之訛(因古代「文」、「寧」兩字寫法相近。)，「文」、「門」古音甚相近，以墨子一書借音字之多，且同一字而寫法屢異，我敢信「皆爲寍」實「皆爲文」之誤，讀法則應曰「皆爲門」，穴之有戶，見巳篇8，樓似不應有亭。運以爲「窗」，亦無據。

77 **三十步一突，長九尺，廣十尺，高八尺，鑿廣三尺、長二尺爲寧。**

此節之突，如何致用，舊注都未提及，詳觀各篇，只辰篇1有突門，但突門自城垣開出，城之厚薄，各地不同，斷不能預定其長度。考寅篇12及辰篇2之「突門」，今本均訛作「穴門」，是「突」「穴」兩字常可以互訛；又巳篇5稱「二十步一置穴，穴高十尺，廣十尺」，同篇25「爲穴高八尺」，均極與本節之「三十步一突……廣十尺高八尺」相類(「二」與「三」傳鈔易誤)，故知本節之「突」實「穴」訛。畢云，寧亦卽亭字；余按前47言百步一亭，則三十步不應有亭，畢說未確，參上一節，當同是「文」(門)字。

78 **城上爲攢火，夫長以城高下爲度，置火其末。**

此言攢火之法。北史王思政傳，東魏高岳築土山以臨城，思政作火攢，因迅風便投之土山，燒其攻具，此攢火卽火欑，用以燒敵，故其持柄之長，須視城之高下。本書所謂「夫」，率指露出部分或柄言之。

79 **城上九尺一弩、一戟、一椎、一斧、一艾，皆積纍石、蒺藜。**

此節說城上雜守具。前文13二步一木弩，12二步長斧、長椎各一，又60十步一長斧，63三步一長椎，此復言九尺一弩、一椎、一斧，皆弟子各記所聞之異。

艾卽刈，國語韋昭注，艾、鐮也，前61言十步一長鐮。

櫐石卽礧石，又作礌石，自城上推石而下也。

80 渠長丈六尺，夫長丈二尺，臂長六尺，其埋者三尺；樹渠毋傅堞五寸。

連前11及37，渠凡三見，此條與37之「七尺一渠，長丈五尺，貍三尺，去堞五寸，夫長丈二尺，臂長六尺」，幾完全相同，「其埋者三尺」一句，應鉤在「臂長六尺」句之上，因所埋者是柱，非臂也。夫長丈二尺，加埋者三尺，實得丈五尺，今作「丈六尺」，乃傳鈔之誤。傳堞卽附堞，言豎渠之處，須離堞五寸。

81 藉莫長八尺，廣七尺，其木也廣五尺，中藉莫爲之橋，索其端；適攻，令一人下上之，勿離。

莫同幕，藉幕見前43，但未詳其制。遮幕應張以木架，按禮記曲禮篇「男女不同椸枷」，椸、杝同音，故誤分爲「木也」兩字。「中藉幕」者於遮幕當中之處。古人稱牽扯上下之具曰「橋」，故曰「索其端」。遇敵來攻，令一人任牽幕之職，使或上或下以阻擋矢石，其用與今世之索網相近。

82 城上二十步一藉車，當隊者不用此數。

連前21及40，凡三見，所異者前作五十步或三十步。

83 城上三十步一礱竈。

前文竈已兩見，19言廿五步，53言五十步。礱竈，行竈也。

84 持水者必以布麻斗、革盆，十步一。爲斗、柄長八尺，斗大容二斗以上到三斗。

此記取水之具。麻斗、革盆見前9節，用麻布作斗，加以油漆，便可取水。

「爲斗」兩字，舊本誤錯於下文，茲依吴說移正。

85 敝裕、新布，長六尺，中拙柄，長丈，十步一，必以大繩爲箭。

此節當有錯誤，舊解均不明。余以爲「裕」當依孫改「給」，敝給猶云爛麻布。拙與綴吾縣同音，古音亦甚相近，綴柄即安上一柄；前節斗柄長八尺，此云「長丈」，所差無多，「十步一」復相同，可知係指麻斗制法；大意實謂麻斗應用破布或新布爲之，長計六尺，中安柄，柄長一丈，每十步一枚。箭、運注，幎口使堅韌也，按箭可通作「晉」或「搢」，插也，殆縫綴之義。

86 城上十步一鈂。

鈂未知實何物，或云臿屬，或云鐵鍼。

87 水甀容三石以上，小大相雜，盆、蠡各二具。

此記水甀（即缶）之法，與前9節言垂（或缶之訛）「容三石以上，小大相雜」同。革盆、奚蠡皆汲水器，亦見前9、16及84。

88 爲卒乾飯，人二斗，以備陰雨，而使積燥處。令使守爲城內堞外行餐。

此言預儲乾糧之法。

「使守」疑吏卒之誤，行餐即送餐。

89 **置器備殺沙礫、鐵，皆爲壞斗。**

此節言散沙礫之器。沙礫等所以迷敵目，但用器殺（卽撒）布，然後程功多，壞斗者粗燒之瓦斗也。

90 **令陶者爲薄缻，大容一斗以上至二斗，卽取用，三祕合束堅。**

此說小缶之製備，前87言水缶容三石以上，是大缶。

「三祕」孫疑曡施之訛，猶云叠置也。余疑「卽」爲「待」之訛。「堅」下舊本尙有「爲斗」兩字，玆依吳說移於84節，但「堅」字則不能上移。旣候取用，須疊置之以免阻礙地方，且須用繩索連束堅固，方不至傾壞。「三祕」是古語，不必依孫改。

91 **城上隔棧，高丈二，剡其一末。**

孫疑棧當作「杙」，引下文104弋長七寸、剡其末爲證，但長度相差太遠，或許丈二是「尺二」之訛。剡，削尖也。

92 **爲閨門，閨門兩扇，令可以各自閉也。**

閨門是城門，亦是亭門，見前74及47。

93 **救闉池者以火與爭，鼓橐，馮垣外內，以柴爲燔。**

此言熏火以阻止敵人闉（同堙，堙爲前文3節十二種攻法之一。）塞城池之法。

淮南子本經訓：「鼓橐吹埵，以消銅鐵。」高誘注：「橐，冶爐，排橐也。」又文選注：「橐，冶鑄者用以吹火使炎熾。」則橐卽風箱（參巳篇3）。火烟熏敵眼，其爲用同乎現代之催淚彈，但烟隨風向而行，故鼓風箱使向敵方吹去以資補救。馮垣見後申、酉兩篇，即女垣之別名，言於女垣之外內，燒柴而鼓其烟也。

94 **靈丁，三丈一，犬牙施之。**

孫疑靈丁爲椓弋，于又謂是鈴鐺；余按：犬牙，交錯也，椓弋是門丁（見9），無所謂三丈交錯，鈴鐺亦無需乎交錯，其實乃瓴甋之音轉，廣韻，瓴甋似罌有耳，即前16所謂五步一罌也。運疑靈丁爲樓窗，更屬臆測。

95 **十步一人，居柴、納弩；柴半、爲狗犀者環之。**

此言管理柴摶之法。

居，積也。「弩」應改作「帑」，公家貯物之所。半即中間，與前37節「半植一鑿柄」同。狗犀即狗屍，見前17。全節猶言每十步派一人管理貯柴之事，收納於帑庫，柴摶當中處用茅繩環束之，正與前18「十步積摶」合，舊說皆誤。

96 **牆七步而一。**

此節當有奪文。

97 **城上爲爵穴，下堞三尺，廣其外，五步一；爵穴大容苣，高者六尺，下者三尺，疏數自適爲之。**

前50已見爵穴，此復出而說明較詳。

下堞三尺，言比堞低三尺。穴外廣而內狹者，使城上易於見敵，敵人在下，不易見上。大容炬（苣即炬，見前。）者，備晚上由穴伸炬外出以照敵人（見下節），與今之探照燈用意相同。高者六尺，下者三尺，又似由城上起計，使守城者便於外望也（周尺較短，約當舊尺七寸弱）。既言五步一穴，又言疏密適應環境而爲之，可知兵法貴乎變通。

98 **人擅苣，長五節；寇在城下，聞鼓音，燔苣，復鼓，內苣爵穴中，照外。**

此節舊在100節之後，按所言係敵人抵城下時燃炬之法，與上「城上爲爵穴」條相照應，兩條應銜接，故移正之。

節，孫疑「尺即」兩字之誤，吳又解「五節」爲「五束」；余按炬火常用竹製，節者竹節，則「長五節」自可通。寇既達城下，即擊鼓報警，擅（持也）炬者立將炬燃着，再聞鼓則將炬內（納也）入爵穴，以燭照城外，使敵人不能趁黑夜施其詭計。

99 **穿外塹，去格七尺；爲縣梁。城筵陜不可塹者勿塹。**

此節說外塹，塹見前7及74。

格，孫以爲備蛾傅篇之杜格，旗幟篇之牲格，又疑是虎落之落；余疑是寅篇11節之鬲。縣梁亦見前74。

筵陜即窄狹，城外地面太狹者不必塹，是針對「穿外塹」而言；舊本「穿」誤「塞」。

100 **城上三十步一聾竈。**

此句全複前83，「聾」舊作「聾」，茲依前改歸一律。又此下舊有「人擅苣」廿四字，今移入98。

101 諸藉車皆鐵什。藉車之柱，長丈七尺，其貍者四尺；夫長三丈以上至三丈五尺，馬頰長二尺八寸，試藉車之力而爲之困，夫四分之三在上。（藉車，夫長三丈，四之三在上，馬頰在三分中。馬頰長二尺八寸，夫長二十（?丈）四尺，以下不用。治困以大車輪。藉車，桓長丈二尺半。諸藉車皆鐵什。復車者在之。）

此節詳記藉車之制，前文雖三見藉車（21、40及82），惟未言其如何制作，本節文句屢屢重出，細審之，前半是正文，後末是注，故特加括弧別之，使閱者分明。

什、鍱字通用，鐵什卽前文10節之鐵鍱，謂用鐵包外。藉車有柱埋地，則不過借「車」爲名，與普通車迥異，孫以鐵什爲鐵纂，其義可能相通，于以爲車飾雜具則誤。

柱、桓同解，正文說柱，注文說桓，不過別文見義。孫謂藉車有四直木，兩條埋者爲柱，兩條不埋者爲桓，殊近臆測。

依文，柱與夫有別，柱長丈七尺，夫長三丈至三丈五尺，不能短於二丈四尺，所同者兩皆埋地四分之一，由此思之，「柱」似作支「夫」之用。

柱長丈七尺，埋四尺，則見者丈三尺，視四分之三稍强。注言桓長丈二尺半，又視四分之三稍弱。古人蓋約略言之，孫疑或爲柄以入夫，亦未明時代情形。

馬頰，孫謂是横材旁出，依下文則藉車係用以投擲損害敵人之物，似借「夫」之彈力，將損害品擲向城下者。

困，孫疑是木橛，按困、閫同音，注文明說以大車輪爲之，或兼作鈐限藉車之用歟。

夫露出土面者約二丈二尺五寸，而馬頗在三分之中，則當去土面一丈一尺二寸半處安之。

「以下不用」應四字句，言不及二丈四尺者不中用。

注文末句「復車者在之」，或當爲「復車者正之」，「復」同「覆」，車覆則將其扶正。

102 **寇闉池來，爲作水甬，深四尺，堅幂貍之，十尺一，覆以瓦而待令。以木大圍長二尺四分而中鑿之，置炭火其中而合幂之，而以藉車投之。**

前93言救闉池者以火與爭，此節又再敍火拒之一法。

水甬頗似木桶之訛，幂，封也，封固木桶而埋之以待令。

四分疑四寸之訛，材圍二尺四，則徑約八寸，挖空其中，置炭封固，投之以燒敵，已寓近世燃燒彈、手榴彈之意味。前後二段可能是墨徒兩家之說。

103 **爲疾犂投，長二尺五寸，大二圍以上。**

此記蒺藜投之制，參寅篇9。

104 **涿弋，弋長七寸，弋間六寸，剡其末。**

涿弋是門丁，見前9，彼云弋長二寸，相去七寸，與此異。剡，削尖也。

105 **狗走廣七寸，長尺八寸，蚤長四寸，犬牙施之。**

此言狗走之制。畢以爲穴，固然甚誤，孫以爲卽17之狗屍，亦絕不確，屍、走發音不同，且狗屍是繩類，狗走則廣七寸，兩者殊難牽合。以余揣之，似屬鉤曲之器，故有蚤（同爪）長，惜不能考定其如何致用耳。

106 子墨子曰：守城之法，必數城中之木，十人之所擧爲十挈，五人之所擧爲五挈，凡輕重以挈爲人數。爲薪樵挈，壯者有挈，弱者有挈，皆稱其任。（凡挈輕重所爲，使人各得其任。）

此詳薪樵分挈之法。孫云，挈與契字同，謂刻契之齒，以記數也，其說未合。余按前文51爲薪必有挈，挈者等於每個人力所能擧之重量，故木重一挈需一人擧之，重十挈需十人擧之，木材有挈若干，卽需用若干人才能移動，平時既有豫算，斯無臨事周章之弊。惟是壯年與弱小，負重之力量不同，大抵材木搬運，必壯者任之，薪樵則弱者亦須擔任，故挈量分爲兩等或數等，總使負重之數，與各個人能力相當，所謂稱其任也。

凡挈輕重兩句，孫疑是「皆稱其任」之舊注，玆故用括弧別之。

此下原有「城中無食」八字，今節採孫說移至戍篇10節之末。

107 去城門五步大塹之，高地丈五尺，下地至泉，三尺而止，施機其中，上爲發梁而機巧之，比傳薪土，使可道行，旁有溝壘，毋可踰越，而出佻且北，適人遂入，引機發梁，適人可禽。適人恐懼，而有疑心，因而離。

此節再記外塹（參前7及99）幷及發梁誘敵之法。

前99言外塹去格七尺，此云去城門五步（即三丈）。高地須鑿深而後有水，故塹須深丈五，即前7節所謂「塹中深丈五」也，低地不須丈五，故至泉三尺而止。

編板曰棧，小橋亦曰棧，施棧橫塹，棧面傅以薪土，狀若通道，棧之上預懸機械性之發梁，然後佻（同挑）戰詐敗（即通俗之「且戰且北」），誘敵入來，發縣梁以阻之。太白陰經：「轉關橋一梁；爲橋梁，端著橫桰，拔去桰，橋轉關，人馬不得渡，皆傾水，秦用此橋以殺燕丹。」通典稱爲轉關板橋。「因而離」者，言敵恐中機，不敢追入而離去也。末三句，運本作爲小注。

（丑）備高臨第五十三

1 禽子再拜再拜曰：敢問適人積土爲高，以臨吾城，薪、土俱上，以爲羊黔，蒙櫓俱前，遂屬之城，兵弩俱上，爲之柰何？

臨爲子篇3節十二攻法之第一件。

羊黔，王作羊坽，當誤；運解爲小岑，于以爲「岸岑」之訛，亦未的；吳但云「羊黔猶高臨」，語更含糊。余謂羊黔猶云基址，言敵人已築成土山基址，與城相連（屬，連也，孫釋，屬、會也，非是）。參下戌篇3。

櫓，大楯，見子篇29節。

2 子墨子曰：子問羊黔之守邪？羊黔者將之拙者也，足以勞卒，不足以害城。守爲臺城，以臨羊黔，左右出巨，各二十尺，行城三十尺，强弩射之，技機藉之，奇器□之，然則羊黔之攻敗矣。

此言抵禦羊黔之法。

臺城即行城。出巨即出距（參子篇32節），謂編連大木，橫出兩旁也。三十尺指行城之高度言（參寅篇5節）。周書三一韋孝寬傳：「乃於城南起土山，欲乘之以入；當其山處，城上先有兩高樓，孝寬更縛木接之，命極高峻。」通典一五二：「凡敵攻城，多背旺相起土爲臺，我於城內薄築，長高於敵臺一丈已上，卽自然制彼，無所施力。」又開禧德安守城錄：「(虜)大呼曰：我用河南捲掃軍築土山，必與城齊。衆憂之，公令張斌亟培對山城面，增加二丈，厚加城之半，外立木以防新築，使山猝未能齊。」皆臺城之遺法。

技，巧也。　耤，孫讀如笮，于讀苴耤，吳讀如斮；余謂當讀如「擲」，技機之用，在乎遠擲，古今都如是也。

3 備高臨以連弩之車，材大方一尺，長稱城之薄厚。兩軸三輪，輪居筐中，重下上筐。左右旁二植，左右有橫植，橫植左右皆圜內，內徑四寸。左右縛弩皆於植，以弦鉤弦，至於大弦。弩臂前後與筐齊，筐高八尺，弩軸去下筐三尺五寸。連弩機郭用銅一石三十斤。引弦鹿盧收。筐大三圍半，左右有鉤距，方三寸，輪厚尺二寸，鉤距臂博尺四寸，厚七寸，長六尺。橫臂齊筐外，蚤尺五寸，有距，博六寸，厚三寸，長如筐。有儀。有詘勝，可上下。爲武，重一石，以材大圍五寸。矢長十尺，以繩□□矢端，如弋射，以磿鹿卷收。矢高弩臂三尺，用弩無數，出入六十枚，用小矢無留。十人主此車。

此言連弩車之制。淮南子氾論訓高誘注云，連車弩通一弦。漢書張晏注云，連弩三十絭共一臂。又劉熙釋名云，弩柄曰臂，鉤弦曰牙，牙外曰郭，下曰懸刀，合名之曰機，本篇更著司車須用十人，可見連弩實古代之重兵器。此處所述作法，頗極複雜，非試爲還原模型，不易了解，以下只略解其字義，若繪圖說明，應待知者。又通典一六〇及太白陰經四均言車弩之制，其說大同小異，惟互有錯字，今合兩本參校如下云：「作軸轉車，車上定十二石弩弓以鐵鉤繩連軸，車行軸轉，引弩持滿，弦挂牙上。弩爲七衢；中衢大箭一鏃，長七寸，圍五寸；箭笴長三尺，圍五寸，以鐵葉爲羽。左右各三箭，差小於中箭。其牙一發，諸弦齊起，及七百步，所中城壘，無不摧隕，樓櫓亦顛墜，謂之車弩。」此車弩當卽古之連弩車，近年考古亦有弩出土，能參合圖書集成各弩圖，古制不難還原也。一發數十矢則反動力甚大，故造連弩車之木材，兩端須一尺見方，惟長度因城垣之厚薄而定之。今世步鎗之托，多用密率較大之胡桃等木爲之，亦以抵消其反動也。

筐，孫疑卽車箱，下上筐似合底頂而言。

植，柱也。　圜內卽圓柄。

筐高八尺應指全筐言之，孫謂卽上下兩筐之總高度，似屬誤會。

鹿盧一作轆轤，亦卽下文之磿鹿（一作轣轆），今稱滑車。

筐大三圍半係指筐言之，孫以爲筐材圓圍之度，非是。

魯問篇「作爲鉤拒之備」，閒詁好像把它與本篇的等同而爲一，說來是不够淸楚的；那篇的鐵鉤距是兵器，這裏的鉤距只是弩機的一部分，似作鉤連之用。　博，闊也。

蚤，爪也。

儀，表也，于云：「卽弩機牙後之上出者，夢溪筆談所謂望山，以儀爲準，可窺弦矢之高下。」此與今世鎗枝之瞄準表同。

詘勝卽屈伸，古字通用，通典作屈勝。

武，孫疑趹之聲誤，運謂是弩牀。

「以繩」下缺兩字，大約是「繫於」。漢書司馬相如傳顏師古注云，以繳係矰，仰射高鳥，謂之弋射，蓋弋射要將矢收回，故繫以繩，人力收則慢，故用滑車急捲，發矢曰出，收回曰入，所謂出入六十枚也。

用弩之「弩」殆衍文。 小矢不必繫繩卷收，故曰無留。

4 **遂具寇，爲高樓以射適，城上以荅羅矢。**

具，孫云當作見，余按具、拒音甚相近，卽拒寇也。

孫疑羅爲礌石之礌，亦不確，荅卽笪，見子篇11節，係用草編織之物，可遮障敵矢。 羅者網羅也，以荅羅矢，與三國志演義諸葛亮用草人收矢之意相同。

（寅）備梯第五十六

1 禽滑釐子事子墨子三年，手足胼胝，面目黧黑，役身給使，不敢問欲，子墨子綦哀之，乃管酒槐脯，寄于大山，昧茅坐之，以樵禽子，禽子再拜而嘆。

黧即黎，黑也。綦，甚也。管酒，以管載酒。槐同懷。寄、暨同音，至也。昧猶蔑，席茅而坐也。樵應作醮，酬酢也。

2 子墨子曰：亦何欲乎？禽子再拜再拜曰：敢問守道。

3 子墨子曰：姑亡、姑亡；古有其術者內不親民，外不約治，以少閒衆，以弱輕强，身死國亡，爲天下笑，子其慎之，恐爲身菑。

姑亡謂姑無問守城之法也。菑即災字。

4 禽子再拜頓首，願遂問守道，曰：敢問客衆而勇，堙茨吾池，軍卒並進，雲梯既施，攻備已具，武士又多，爭上吾城，爲之柰何？

此問備雲梯之法。淮南子泰族篇高誘注：「茨，積土塡滿之也。」

5 子墨子曰：問雲梯之守耶？雲梯者重器也，其動移甚難，守爲行城，雜樓相見，以環其中，以適廣陝爲度，環中藉幕，毋廣其處。行城之法，高城二十尺，上加堞，廣十尺，左右出巨各二十尺；高、廣如行城之法。

此節言行城拒梯之法，參丑篇2節。重器猶今言重兵器。

相見應作相間。環，環繞。陜即狹，謂相距離之長度無定，應取其適宜。距離之中間有遮幕（見子篇43及81），毋廣其處，言距離不可太廣也。

高二十尺，丑篇2節作三十尺。出亘即出距。

高廣上俞疑脫「雜樓」兩字，故曰高廣如行城。

余按後世稱行宮、行在、行署皆有臨時之意，行城當亦相同，蓋就敵人施用雲梯之部分，臨時增高，使敵不得上。

6 爲爵穴、煇⿰亻鼠，施荅其外，機、衝、棧、城，廣與隊等，雜其間以鐫、劍，持衝十人，執劍五人，皆以有力者；令案目者視適，以鼓發之，夾而射之，重而射之，技機藉之，城上繁下矢、石、沙、灰以雨之，薪火、水湯以濟之，審賞行罰，以靜爲故，從之以急，毋使生慮，若此則雲梯之攻敗矣。

此節再總述禦雲梯方法之大要。

爵穴見子篇50及97，由此可伸炬出外，照見敵人動作。

煇、熏通用，見子篇9，⿰亻鼠即鼠字，孫謂與巳篇13節之⿰亻鼠穴相同，即小穴。施荅其外，似謂穴口須遮障，免敵人窺見城上。

機、衝、棧、城是四事並列；機、技機也（見丑篇2），衝、衝撞之器，棧、行棧（見子篇49及酉篇2），城，行城（見上節），皆禦梯攻之器。隊者敵人進攻綫展開之長度（參子篇69），故守者所用之兵器，亦應展開與相當，所謂「廣與隊等」也。此數者之間，復雜有職在破木之執鐫者，職在斫梯之執劍者，其中司衝、執劍兩項，尤爲重要，故持衝十人及執劍五人，皆選力士充當。「案目」即目定而不易轉瞬者，使注視敵之動向。發令以鼓，或左右夾射，或重疊發射，或用技機投擲（參丑篇2節），城上之矢、石、沙、灰，勢如雨下，更以火、水兩攻接濟之，賞罰嚴明，務求鎮靜（故，巧也，見子篇73），但又須迅速赴事，勿使生變（慮，憂也），此其大要也。

7 守爲行堞，堞高六尺而一等，施劍其面，以機發之，衝至則去之，不至則施之。

此言作行堞之法；行堞即行城上之堞，見本篇5節。等，齊也，毋或高或下之謂，高六尺，與子篇74之延堞同。以機發劍，度必如弋射之可以收回（參丑篇3）。

8 爵穴，三尺而一。

已見子篇50，此處複出。

9 蒺藜投必遂而立，以車推引之。

此言蒺藜投之用法，其制已見子篇103。必下孫疑漏「當」字，言須放於正對敵人進攻之道以刺傷之也。其大兩圍以上，故要用車推挽。

10 **置裾城外，去城十尺，裾厚十尺。伐裾之法，小大盡本斷之，以十尺爲斷，離而深埋之，堅築，毋使可拔。**

此言城外置裾之法。裾見子篇74，孫引黃紹箕說以裾爲藩籬。厚十尺者謂自城外二十尺起至離城十尺止，均埋放之，係指地面言，非指裾本身言。

伐裾謂採木材爲裾，非「伐去」之謂，採時將樹木連根拔起，約長十尺爲一段（斷同段），相隔離而深埋於地中，且堅舂擣之，勿使敵人易於拔去。列子黃帝篇：「吾處也若橜株駒，吾執臂若槁木之枝。」李頤說：「株駒亦枯樹本也。」崔譔說：「橜株駒，斷樹也。」駒，切韻kiu，裾kiwo，吾縣則兩字同音，此之裾無疑即列子之駒，斷樹也。

11 **二十步一殺，殺有一鬲，鬲厚十尺。殺有兩門，門廣五尺。裾門一，施淺埋，勿築，令易拔。城上希裾門而置桀。**

此言城上置殺之法。孫云：「殺蓋擁裾左右，橫出爲之，置裾如城之廣袤，二十步則爲之殺。」以殺與裾相連系，非也。裾之制係築在緣城十尺以外之地面，此之二十步（十二丈）乃指城垣距離，故能設兩門，換言之，彼在城外，此在城身，其地位絕不相連也。殺之義與子篇89「殺沙礫鐵」之「殺」同，豫備投擲敵人之所，因名曰「殺」。孫謂以鬲（同隔）藏守禦器具，余則頗疑即子篇99之格，粵俗呼爲「隔頭」，北方或稱「城爪子」，或稱「墩」。「裾門」之「裾」，與上節置裾之「裾」同義，係藩籬之門，自己有時從此出擊，須易於拔去，故不求堅埋堅固也。

希，望也，亦「對着」之意。王云：「桀與楬同，言城上之人望裾門而置楬也。」孫云：「望裾門而置楬者，所以爲識別，以便出擊敵也。」兩解均笨拙之極，裾門在城外，開城門而出，便先經裾門，何須作識別？且更何須於城上作識別？余按左傳成公二年，齊高國桀石以投人，桀有投擲之義，本文猶謂在城上對着裾門的所在，宜儲置擲敵之品，以備敵人從此攻入。

12 **縣火，四尺一鉤樴。五步一竈，竈門有鑪炭，令適人盡入，煇火燒門，縣火次之。出載而立，其廣終隊。兩載之間一火，皆立而待鼓，而然火，即具發之。適人除火而復攻，縣火復下，適人甚病，故引兵而去，則令吾死士左右出穴門擊潰師，令賁士、主將皆聽城鼓之音而出，又聽城鼓之音而入，因素出兵施伏，夜半城上四面鼓噪，適人必或，有此必破軍殺將。以白衣爲服，以號相得，若此，則雲梯之攻敗矣。**

此總述破雲梯之方法。

樴同杙，鉤杙即杙之鉤曲者，所以縣火具，使不至易於滑下，孫解爲「以弋著鉤而縣火」，語意不明。

每相去四尺置一枚。

五步置一竈，與子篇83不同，蓋此爲專禦雲梯之佈置。

煇同熏，見子篇9及本篇6，燒門之外，繼以縣火抗敵。

孫云，載似謂戰車；余按「出載而立」猶言戰具等須當遂而立（參前9節）。其廣終隊，即前6節之「廣與隊等」。簡言之，即迎戰之具，須展開與攻綫相當，否則敵人得乘虛攻入矣。

兩隊戰具間有懸火一枚，戰士待鼓音旣發，卽齊將懸火燒着（具同俱），擲向爬城之敵。如敵人除去火種，再行進攻，城上亦再擲懸火以拒，如是則敵勢必疲而引去；到此時候，應令敢死隊（死士）從各穴（突）門出擊，又令勇士（趙岐孟子注：「賁、勇士也。」）主將等聽鼓音爲進退，且屢屢出兵施伏（素同數，屢次也），半夜又在城上及四周鼓譟，敵軍必生疑惑矣（或、惑通）。

軍服尚白；殆西方之古制，立體戰爭時代，白色易被偵察，此一條顯不能適用於現在矣。

號猶今云口號，以號相得卽憑口號而互相聯絡。

（卯）備水第五十八

1 城內塹外，周道廣八尺。

此言城內及塹外之周道（子篇45作州道），其前當有脫文。道寬八尺，或因備水之故，欲以便於來往歟？抑原爲別篇之文而誤入於此歟？

2 備水謹度四旁高下。城中地偏下，令渠其內。及下地，地深穿之，令漏泉。

此言備水之一般方法。

謹度四旁高下，謂須熟知城內外各處地勢之高下也。城內地勢低，則須開渠以疏之。凡低地（下地）皆宜深鑿之，便洩水，通典云：「如有洩水之處，卽十步爲一井，井內潛通，引洩漏。」是也。

3 置則瓦井中，視外水深丈以上，鑿城內水渠。

則瓦者測水之瓦，吾縣俗呼「測」爲「則」，蓋水勢常趨於平準，城外水高，城內之井水亦必隨之而高，故每當若干深度，卽在井牆置瓦爲記，約與今之水漲表同。

4 並船以爲十臨，臨三十人，人擅弩，計四有方，必善以船爲轒輼。（二十船爲一隊，選材士有力者三十人共船，其二十人人擅有方，劍甲鞮瞀，十人人擅苗。）先養材士，爲異舍食其父母、妻子以爲質，視水可決，以臨轒輼，決外隄，城上爲射機疾佐之。

此言掃敵隄之法；蓋水淹有兩種，無水之地，則築隄以堰水，有水之低地，則決隄以汎水，本節係針對前一種而言。

自二十船至人擅苗五句，與前半意複，顯是後人之注文，今故用括弧隔之。

並船。即合兩船也，兩船爲一臨，十臨即二十船爲一隊。

有方，畢改有弓，孫以爲酋矛之誤，吳又疑方是楯，皆書生之見也；船之重要任務在毀掃敵隄，持弓與擅弩意義相複，酋矛非毀隄之主器，且下文另言矛(苗)，若材士既衣劍甲，戴兜牟(見下)，則擕楯爲多餘之事，故知其說均不可通。考粵俗常呼鋤爲「⿰金邦」，邦、方古音甚相近，方即鋤也，毀隄先鋤土，故「方」爲必擕之用具(擅，持也，見子篇98)。「計四」什四之訛，則持鋤者十二人，注文二十人持方，則占三分之二。蓋作注者以什四持方爲太少，故糾正之，此舊日注疏常見之事，讀者可不必以前後文牴牾爲疑，且更不可妄加改正以求其相同也。通典一五二云：「速造船一二十隻，簡募解舟檝者載以弓、弩、鍬、钁，每船載三十人，自暗門銜枚而出，潛往斫營，決彼隄堰，覺即急走，城上鼓噪，急出兵助之。」其文大致同於本節，「方」應與鍬、钁相當，而钁即大鉏，可證「方」爲「⿰金邦」之古語。

轒轀乃撕裂或使裂開之意(見子篇3)，故衝裂城垣之車曰轒轀，衝破隄防之船亦曰轒轀，非如此解釋，則莫明車、船之何以同稱矣。衝破隄防須具大力，連環兩船爲一艕者其故即在此。

「劍甲」之劍，原義爲透不過，故軍人所服之厚甲曰劍甲，猶現代之禦彈衣。

鞮瞀即鞮鍪，漢書揚雄傳「鞮鍪生蟣蝨」，顏師古注：「鞮鍪即兜鍪也。」漢書韓延壽傳又作鞮鞪，其原義爲「貌醜」，大約兜鍪之制，略同今之鋼盔，傳自古代突厥族。苗卽矛，故上文「方」字不得爲「矛」之誤，取其長可及遠。臨轒轀之主要任務在決敵隄，故多攜鋤類，鋤隄之士不暇分身抗戰，故衣甲戴盔爲消極的保衛，城上急佐以射機，蓋協勁其拒敵也。「必善以船爲轒轀」者，猶言使各船得充分表示其破隄之力量。別爲舍以養材士之父母、妻子，一方面似優待征屬，另一方面實防其叛變。

(辰)備突第六十一

1城百步一突門，突門各爲窯竈，竈入門四五尺，爲其門上瓦屋，毋令水潦能入門中。吏主塞突門，用車兩輪，以木束之，塗其上，維置突門內，使度門廣狹，令之入門中四五尺。門旁爲橐，充竈狀柴艾，寇即入，下輪而塞之，鼓橐而熏之。

孫云：「此篇前後疑有脫文。」余按篇名「備突」，而此段所言止城內作突門以備敵，未言敵人如何來攻，其必有脫漏無疑。

後漢書竇融傳：「公孫述令守突門。」注云：「突門，守城之門。」六韜突戰篇：「百步一突門，門有行馬。」

又通典一五二突門云：「城內對敵營，自鑿城內爲闇門，多少臨時，令厚五六寸勿穿，或於中夜於敵新來營列未定，精騎從突門躍出，擊其無備。」(參太白陰經校正)後世突門之用，大抵如此。

窯即窰字，作竈如瓦窰之竈也，參下巳篇3節。

竈入門四五尺，舊本作「竇入門」，但全段未嘗言竇，竇當竈之誤，謂竈設於門內四五尺處，用以燒艾熏敵人。爲其門上瓦屋者，防竈被水濕，故建瓦屋以蓋之，參巳篇14。

木輪加塗者，避敵人火燒，維置猶云懸置，待敵入後，乃放下而塞之，計度門之寬窄，懸輪處約在門內四五尺。

橐是風箱，見子篇93節。充，滿也。「狀」按即「裝」，言滿竈裝入柴艾。

本節大意：（一）突門內置備窰竈，其內裝滿柴艾之類，門旁設風箱。（二）用木束兩車輪爲一，懸掛突門之內，萬一敵人攻入，則放下車輪以阻其去路，同時燃着竈火，鼓風箱以熏之。

2 **塞穴門，以車兩走爲蒀，塗其上，以穴高下廣陝爲度，令入穴中四五尺維置之，當穴者客爭伏門，轉而塞之。爲窯容三員艾者，令其突入伏，人伏傅突一旁，以二橐守之勿離。**

此節實與前節相複，惟詳略互有不同。舊本錯入備城門篇，王移於備穴篇，孫、吳從之。余按第一個「穴」字（穴門）得爲「突」之訛，第二至第四個「穴」字（「以穴」，「穴中」及「當穴」）得爲「門」字之訛，尤其是全節文義，與前節無甚出入也。況考六韜突戰篇云：「百步一突門，門有行馬車騎居外，勇力銳士隱伏而處。」今本節言「客爭伏門」，又言「令其突入伏」，用意同乎六韜，應屬備突之證一。本節言「人伏傅突一旁」，不言傅穴，此應屬備突之證二。備穴篇12節之車輪轀，係懸掛以壓敵，本節之車蒀（即轀）係用以塞敵路，與前節同而與備穴篇異，此應屬備突之證三。根據上項理由，故將此一節移入本篇。

「走」字舊無解，余按輳、走同韻，止送氣不送氣小別，輳亦輪也。

陝同狹，當穴應作當門（見前），故接言「客爭伏門」，「者」字衍。客爭伏門言敵人搶入我已設伏之突門也。

員同丸，見巳篇3節。

令其突兩句，舊本作「令亦突人伏尺伏付突一旁」，畢改「令其突入伏尺伏傅突一旁」，孫疑伏應作密，吳汝綸以「令其突人伏」爲句，又改「尺伏」爲「人伏」言人伏必傅著突之一旁也，吳毓江删「人伏」兩字，謂是衍文，説各不同，均未盡合。「令其突入伏」畢改不誤，此突指敵人之突擊者，謂引之使入伏也。「人伏」兩字不能删，此係指守方伏兵言之，謂當隱傅於突門之一旁也。

（巳）備穴第六十二

1 禽子再拜再拜曰：敢問古人有善攻者，穴土而入，縛柱施火，以壞吾城，城壞，或中人爲之奈何？

余按或中人當城中人之誤。又據本文，穴攻之用，志在壞城，與用隧道攻入城內略異，前者近於現代之爆破戰術，後者稱坑道戰術。周書三一韋孝寬傳：「又於城四面穿地作二十一道，分爲四路，於其中各施梁柱，作訖，以油灌柱，放火燒之，柱折，城並崩壞。」

2 子墨子曰：問穴土之守耶？備穴者城內爲高樓，以謹候望適人，適人爲變築垣聚土非常者，若彭有水濁非常者，此穴土也，急壍城內穴其土直之。穿井城內，五步一井，傅城足，高地一丈五尺，下地，得泉三尺而止。令陶者爲罌，容四十斗以上，固幎之以薄鞈革，置井中，使聰耳者伏罌而聽之，審知穴之所在，鑿穴迎之。

此節約言備穴之掘壍及罌聽兩法。

築垣聚土與平常不同，此「變」狀也，又或（若，或也。）旁（彭，旁通。）見濁水，皆敵人穴土之現象。

壍同塹，直之者與之相當，此就已審知敵穴所在而言，子篇65節「適人爲穴而來，我亟使穴師迎而穴之，爲之具內弩以應之」三句，蘇以爲本篇之文，或可接在此處。周書三一韋孝寬傳：「遂於城南鑿地道，……孝寬復掘長塹要其地道，仍飭戰士屯塹，城外每穿至塹，戰士卽擒殺之。又於塹外積柴貯火，敵人有伏地道內者，便下柴火，以皮韛吹之，吹氣一衝，咸卽灼爛。」

如未知敵穴所在，則須用穿井方法；此係臨時之井，故五步而爲一，與子篇27節百步一井異。「傅城足」者，貼近城根，使易於審聽。至於井之深淺，隨地勢高低而異，下地，低地也。太白陰經云：「天井：敵攻城爲地道來攻，反自于地道上直下穿井以邀之，積薪井中，加火熏之，敵人自焦灼矣。」

幎同冪，封也，輅，生革也。太白陰經云：「地聽：于城中八方穿井，各深二丈，令人頭覆戴新瓮(卽罌)，于井中坐聽，則城外五百步之內有掘城道者，並聞于瓮中，辨方所遠近。」通典云：「以新罌用薄皮裹口如鼓。」又德安守城錄云：「聞虜於太山廟穴地道，高廣丈有半，將由景福寺出，公集僚屬議。」張斌曰：「兵法當設甕聽，以無目人司之，知其遠近。」皆此種罌聽之遺法，用瞽目人者取其用心專一。

3 令陶者爲瓦竇，長二尺五寸，六圍，中判之，合而施之穴中，偃一、覆一，善塗其竇際，勿令泄，兩旁皆如此，與穴俱前，下迫地，置康若炭其中，勿滿，炭、康長亙竇，左右俱雜，相如也。穴內口爲竈，令如窯，令容七八員艾，(左右竇皆如此，)竈用四橐。穴且遇，以頡皐衝之，疾鼓橐熏之，必令明習橐事者勿令離竈口。連版：以穴高下、廣陝爲度，令穴者與版俱前，鑿其版，令容矛，(參分其疏數，)令可以救竇。穴則遇，以版當之，以矛救竇，勿令塞竇；竇則塞，引版而郄，過一竇而塞之，鑿其竇，通其煙，煙通，疾鼓橐以熏之。從穴內聽穴之左右，急絕其前，勿令得行。若集客穴，塞之以柴塗，令無可燒版也。然則穴土之攻敗矣。

此節詳述以穴禦穴之法。通典云：「審知穴處，助鑿迎之，與外相遇，卽就以乾艾一石，燒令煙出，以板於外密覆穴口，勿令煙洩，仍用韛袋鼓之。」卽就本節所言加以變通者，韛袋係近世所用之羊皮風箱。

瓦竇，舊本作「月明」，王校改爲瓦罌，「明」字與「罌」字之上截雖多少相似，但尋繹全節文字，殊不可信。下文百餘字都未說及「罌」，而「竇」字共九見，若上文未說「竇」，則「竇」字突如其來。且瓦罌是整個的，有底的，如果要破分爲兩邊，固易碎壞，而且燃穅、炭生烟，必須用管狀物品而後可以通流，如果製瓦罌來應用，臨時又須除去其底，有種種不方便，故知陶者所製的斷是「瓦竇」，必非「瓦罌」，兹依所考校正。

瀉水之口，通稱爲「竇」，近世或以木製，或以瓦製，瓦製者爲圓管狀，像自來水管，但本書所用者係中破爲二（卽「中判之」，判，分也。），一仰（偃，仰也。）一覆，合之仍成圓管，豈古代陶藝未甚發達，故兩片分製，抑或如此而後便於配放穅、炭歟？

六圍，王校改爲「大六圍」，但從下文觀之，每穴不止一竇，大六圍就大約三丈，徑約一丈，殊背事理。余以爲「六」應「大」之訛，卽大一圍也，依此，則徑約尺餘。又舊說，五寸亦曰一圍，惟墨子書之一圍，均就一抱言之。

「偃一覆一」下，舊本有「柱之外善周塗其傅柱者勿燒柱者勿燒柱善塗其竇際勿令泄兩旁皆如此與穴俱前」一段，畢以第二個「柱者勿燒」四字爲衍文，「柱善塗其竇際」爲一句，孫從之，并云「三十四字並說穴柱，與上下文不相蒙，疑當在後文無柱與柱交者下」；吳又沿用其說。今細審之，孫說實未盡合；「柱之外善周塗其傅柱者勿燒柱」十三字（「者勿燒柱」四字爲衍文，非「柱者勿燒」爲衍文，畢說亦須略爲修正。）確應依孫移正於後，但「善塗其竇際」以下十七字，仍應承上「偃一覆一」言之，其理由就是：（一）竇用上下兩片合成，則中間必有縫，烟易旁泄，「善塗其竇際勿令泄」卽在補救此種缺陷。（二）柱與竇迥不相涉，惟竇乃有縫隙（際，縫也。）柱則並無縫隙，孫不知「瓦罌」應作「瓦竇」，故而有此誤會。

「兩旁皆如此與穴俱前」者，言穴之兩旁俱置竇，開穴至何處，瓦竇卽跟着一路安置，因竇多然後烟多，烟多然後能迷敵。

下迫地一句，孫云：「此文不屬，疑當接上『偃一覆一』句，蓋謂施罌穴中，其下迫地也。」余按此句再提及竇之位置高下，並非與前文不接，孫之「施罌穴中」應改爲「施竇穴中」。

康卽穅，若，及也。置穅及炭勿滿，卽令其內留餘地，使空氣流通，易於燃燒，如過於充實，穅、炭必難燃，此亦周人已識得初級物理之證。

長亙竇者，言放置穅、炭之法在深的方面雖不可滿，但在長的方面則應滿載與竇相齊，蓋必如是而後能多發烟之故。「左右俱雜，相如也。」兩句係說炭、穅兩項都要勻合分配，使易於燃燒。

窯同窰，見前辰篇1節。員卽丸，王充論衡順鼓篇云：「一丸之艾。」將艾草扭結成球，謂之艾丸，置艾七八丸者，取其易於引火。

左右竇皆如此一句，按係後人釋「左右俱雜相如也」兩句之注文，故用括弧別之。

橐是鼓風之箱，見子篇93及辰篇1。

頡皋見子篇49節，乃起重省力之具，當我掘穴將與敵穴相遇之時，即借頡皋之力，將相隔之土層衝破，急鼓起風箱，用烟來熏敵，管理風箱者須用平時熟習此種工作之人。

連版者編連之木板(版，同板。)其高度、寬度應與穴相當，穴掘至某處，即將連版同時推進，所謂「令穴者與版俱前」也。 板無孔則熏烟無從通至敵穴，故須鑿多孔，「鑿其疏數」一句亦後人解「鑿其版」之注，言孔或疏或密。

「令容矛」當下接「令可以救竇」爲句。

穴則遇，言我穴與敵穴即相通也，故須用板阻之，竇塞則烟不通，持矛者預備救竇(即通竇)，兼戰鬬之用，竇被塞即引連版退却，遇着有被塞(而塞之，而，如也。)之竇，即把它鑿通以通烟。

我所掘之穴，未必正對敵穴，故須旁聽左右，如知其從某方向斜出我穴，即急阻絕其前進，否則熏敵之計難以施也。

若集客穴，猶言我方已衝到敵穴，此時須改用塗泥之柴(柴塗猶塗柴)塞之，因板並未塗，易被敵人所燒也。

4 **寇至吾城，急非常也，謹備寇穴。 穴疑有，應急穴；穴未得，愼毋追。**

此言如何應付敵人之穴攻。

孫、吳兩本均以「穴疑有應寇」爲句，但文義不可通。余謂「寇」字應移在「謹備」之下，言敵人既臨吾城，愼防其用穴攻也。「應」字連下「急穴」爲句，謂既疑敵人用穴攻（穴疑有），我方急須掘穴以拒也。穴未得，愼毋追兩句，孫云：「似言未得敵穴所在，則勿出城追敵。」余按敵方穴攻，並未敗退，何得遽言追敵？「追」字仍應就穴而言，謂未確知敵穴所在，我所試掘之穴不應再向前進，否則反以資敵也。

5凡殺以穴攻者，二十步一置穴，穴高十尺，鑿十尺，鑿如前，步下三尺，十步擁穴左右橫行，高、廣各十尺。

此言抵抗穴攻之法。

殺，破滅也，在此處當解爲「破」，「凡殺以穴攻者」猶言破穴攻之計，與後午篇21節「凡殺蛾傅而攻者之法」句法相同。

高十尺，鑿十尺，鑿如前，吳云：「十尺鑿三字誤重，當删。」非也。孫云：「言其穴廣與高等。」正得其意；但余以爲鑿十尺是「廣十尺」之誤，下文言高、廣各十尺，可證。鑿如前，卽向前鑿去。

步下三尺，孫云：「謂每步則下三尺，然所下太多，疑步上有脫字。」非也。一步爲六尺，每隔一步，比地面再低三尺，是舉其傾斜之度，兹以草圖示之：

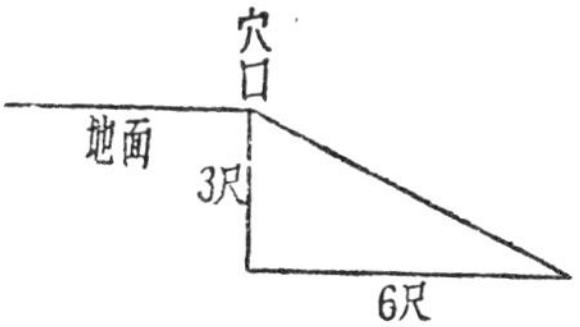

卽句長三尺，股長六尺，換言之則股長倍於句，依三角學公式，其坡度爲三十度角，準此法掘去，無論掘深若干，坡度仍保持不變。由是知戰國時代已識應用三角簡單原理，惜後繼者不能發揚光大耳。

吳云：「以句股法計之，穴高十尺則穴身當長二十尺。」殊費解，因穴長與穴高無一定之數學聯係。

十步擁穴左右橫行，謂掘穴深入十丈，則向穴之左右兩方各掘橫行之穴，其高、廣亦各十尺，日軍在緬甸、琉球等處所挖狐穴，蓋取法乎墨子而加以改進者，例如穴道作「之」字形，與十步左右擁穴之意相近，誰謂古書不必讀耶？

6 **殺、俚兩罌，深平城，置板其上。耼板以聽。**

此言殺置罌聽之別一方法，罌聽已見前2節。

孫以「殺」字連上高廣各十尺爲句，云：「凡穴直前十步，則左右橫行別爲方十尺之穴，謂之殺，以備旁出也。」余按「殺」係置在城上豫備投擲敵人的地方，見寅篇11，穴內何得有殺？且「殺」字如連上讀，則在何處埋罌（徑即埋），殊欠分明，故知「殺」應屬下方合，即謂每殺應埋兩罌，其深度令與城相平。字典無聑字，孫疑即上文之連版，非是。連版用以遮敵，此則排在罌面，余以爲聑讀如冊，覆蓋之義，此句即對上句「置版其上」，再作申明，言蓋版於罌上以聽取罌內之傳聲；前文2節係用生皮蒙罌，此則用板蓋罌，乃罌聽之又一法。

7井，五步一。

此句與前2節文複出。

8宓：用㯕若松爲穴戶，戶內有兩蒺藜，皆長極其戶，戶爲環，壘石外墫，高七尺，加堞其上。勿爲陛與石，以縣陛上下、出入。具鑪橐，橐以牛皮；鑪有兩缻以橋鼓之。百十每，其重四十斤，然炭杜之，滿鑪而蓋之，毋令氣出。適人疾近吾穴，穴高若下不至吾穴，即以伯鑿而求通之。穴中與適人遇，則皆圉而毋逐，且戰北以須鑪火之然也，即去而入壅穴。

此言穴內之置備。

宓，吳讀爲「必」，景義讀爲「穴」，後說較穩，但景義依舊讀「五步一穴」爲句則非是。「穴」是一字標題，與6節之殺、7節之井同。

㯕是木名，字書無其字，未詳，參戌篇29。

戶止言高，不言長，故長極其戶句可作兩解：（一）蒺藜之長，與戶高相等。或（二）其戶應作其穴言，蒺藜之長，與穴長相等。二者未知孰是。戶爲環即門環。

塓爲墰之訛文，卽埻字，言穴外壘石爲郭以備拒守，其高七尺，上再加堞。

陛，階也。穴之坡度爲三十度，已見前5節，則掘穴愈深，上下愈不便，但苟作階級或堆石以備升降，萬一敵人攻入，反被利用，故特聲明「勿爲陛與石」。縣陛之制，必利用綽法爲之，有事時易於破壞也，參下15節環利率。

橋是牽扯之具，見子篇81節，以橋鼓者用橋以鼓橐（風箱），依本節則橐係皮製，取其氣不易泄，故通典謂之鞴袋（引見前文3節）。

「百十每」，舊無解。余按置字古文作𦊓，上截之省寫近於「百」，下截近於「十」，後人不識，故誤析爲「百十」兩字。又古時「煤」字指火烟熏積之煤灰，不指石炭，但「每」、「煤」同聲，此處之「每」實卽借作「煤」字；所以知者，爐必有燃料，下文既另提出炭，則重四十斤者必非炭，一也。炭質甚輕，柴亦不重，今言重四十斤，可信爲密率較大之燃料，卽非煤莫屬，二也。下文「然炭杜之」一句，「杜」字舊無解；按「佐」可誤「杜」，見子篇73節，今世之發煤爐火者常佐以木炭，使易於燃燒，其法當承自上古，如謂燃炭以杜塞之，於事理難通，三也。漢人已識用煤，爲用當可上推至戰國，四也。故知本文斷應改正爲「置每（卽煤），其重四十斤，然炭佐之」。

穴高若下兩句，言敵人之穴或比我們的穴高，或比我們的穴低，不定恰恰相對。「伯」，孫疑「倚」字之誤，邪也，謂邪鑿而與之相通。

圉卽禦，止拒戰而不追，且佯戰敗以待鼓烟熏之。壅卽擁，擁穴見前5節。

9殺，有⿰亻鼠，⿰亻鼠竅之戶及關籥，獨順得往來行其中。（穴壘之中各一狗，狗吠即有人也。）

此言殺置⿰亻鼠之法。舊以「殺」連上「即去而入壅穴」爲句，語意難通，余以爲「⿰亻鼠」即置於「二十步一殺」的地方，與前6節「殺埋兩罌」同一文例，不然者，⿰亻鼠應置於何處，絕無明示矣。

⿰亻鼠同鼠，見寅篇6，當即後13節之⿰亻鼠穴。

關籥見子篇23，猶鎖鑰也。「獨順」，孫疑「繩愼」，斷非是，吳以爲「獨須」，云，「獨須要時得往來行其中也」，謂「順」應作「須」，甚合，但「獨」字仍未得其解。獨字從犭旁，獨即犬也，穴壘之中二句乃後人注文，解明獨字之意義。我未見于本時，初亦疑「順」爲「巡」訛，後細思之，乃知不然，因墨子書未有「巡視」的名稱，凡巡視都謂之「行」。

10鑿井傳城足，三丈一，視外之廣陜而爲鑿井，愼勿失。城卑穴高從穴難。鑿井，城上爲三四井，內新甀井中，伏而聽之。審知穴之所在，穴而迎之，穴且遇，爲頡皋，必以堅材爲夫，以利斧施之，命有力者三人用頡皋衝之，灌以不潔十餘石。

此節再言井聽、迎穴之法，參上文2節。舊本前有「斬艾與柴長尺」等十九字，今移入下11節。

傳猶靠近，2節言五步一井，此言三丈一井，文異而實同，由此亦見墨子備城門諸篇非一家所作，或其中若干本是注文。

廣陜即廣狹，言須酌視城外地之寬狹以定鑿井之位置，切不可大意（失）也。「從」字舊無解，余按從與蹤通，前漢書張湯傳「從迹安起」即蹤迹，謂如果城牆太矮，鑿穴太高，則難以蹤迹或探測敵穴之所在。

甃井「城上」應改作城內或城下，參子篇27節。甀亦罌類，見子篇9節。

夫同趺，頡皋之杆也，杆端一頭安置利斧用以衝穴，可補充前3節未盡之說。

不潔指穅、屎之類。

11 **斬艾與柴，長尺，乃置窯竈中，先壘窯壁，迎穴爲連版，趣狀柴其中，置艾其上七八員，盆蓋其口，毋令烟上泄，旁立槖，疾鼓之。**

此再詳窰竈熏敵之設備。「斬艾與柴……迎穴爲連」十九字，舊本錯在10節之前，但文義不相接，余移接於此，讀者合前後文觀之，便知余之不妄。

窰竈見辰篇1及本篇3，今北方習俗須要打竈，壘窰壁者打竈之謂。連版亦見前3節。

「趣狀柴其中」，舊本作「井中」，吳云：「言疾裝實柴於井中也。」（狀同裝，見辰篇1。）余按井不過用來藏罌以聽取敵人掘穴之所在，且易於有水，哪能裝置柴火？可見「井」實「其」字之誤，「裝柴其中」與「置艾其上」，正兩者對舉，下文「盆蓋井口」之「井」亦同。「其」是前文窰竈之代詞，如是，則裝柴於竈，置艾於柴上，又盆蓋竈口，事理均合。七八員艾，見上3節，吳改「比焚」，非是。

旁立槖，原文作「旁亓槖」，余謂亓（古「其」字）當作「立」，因形近而訛，辰篇1節云：「門旁爲槖。」可證。

12 **以車輪爲轀，一束，樵染麻索塗中以束之，鐵鎖縣，正當寇穴口，鐵鎖長三丈，端環，一端**

鉤。

此言以車輪壓傷穴攻敵人之法。

轀見子篇75及辰篇2節，以車輪爲轀者卽辰篇1「用車兩輪，以木束之」，故下接言「一束」，或讀作「以車輪爲轀束」，把「一」字移在「端環」之上，亦通。

樵染之「樵」，舊無解，余謂此實借作「醮」字，投於水也。醮染爲連文，如讀作柴薪之「樵」，很難解釋。

塗中卽辰篇1之「塗其上」，用泥塗之，以免被焚。

前項車輪束以長三丈的鐵鎖，正對敵人來攻之穴口處懸之，端環者用鐵環相連扣而成，與今之鐵鎖(粤俗呼鎖鍊)無異。一端鉤者有鉤然後可懸物也。通典一五二云：「遊火鐵筐，盛火加脂蠟，鐵鏁懸縋城下，燒孔穴中掘城人。」(參太白陰經校正)又云：「先爲桔槔，縣鐵鏁長三丈以上，束柴葦、焦草而燃之，墜於城外所穴之孔，以烟燻敵，敵立死。」皆倣此法而製造。

13 偃穴高七尺五寸，廣、柱間七尺，二尺一柱，柱下傅舄，二柱共一負土。(兩柱同質橫負土。)柱大二圍半，必固其負土，無柱與柱交者。柱之外，善周塗其傅柱者，勿燒柱。

此言建築偃穴之法，卽前9節之偃。

廣、柱間七尺，謂穴牆兩旁各爲柱，其間相去七尺；二尺一柱則就每一邊各柱之相距而言之。景羲以「廣尺」爲句，但柱大二圍半，則柱徑已不止一尺，且穴之高廣相同，有前5節可證。

舄見子篇76節，柱礎也，傅同附，言柱下必附礎。隧道上有負土，見周禮冢人賈疏，將一板橫地上而支持兩柱，故曰二柱共一負土，由是知穴中各柱之裝置，約如下圖：

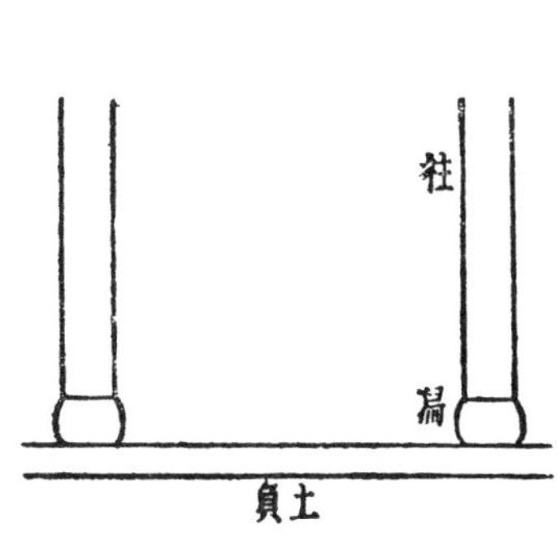

舊日礦穴內之支柱，卽其擴展之式。廣雅云：「碣，礩也。」作舄，作質，皆古人之省文，由是知「兩柱同質橫負土」二句，卽前兩句之注解，故用括弧隔之。李把質與負土混而爲一。負土（卽橫墊）不固，則柱易下陷，柱與柱不相交，則腐壞時易於更換，傾倒時亦免波及，「無」猶言「不得」，孫謂「無字必誤」，非是。

舊本3節內有「柱之外」共三十四字，孫疑當在「無柱與柱交者」之下；余按「善塗其竇際」以下十七字，仍應是彼節之文，惟「柱之外」以下十三字，則應移接本節之後（可參看前3節），但當改爲「柱之外，善周塗其傅，勿令燒柱」，刪「柱者」兩字，補一「令」字，卽是說，柱的外面須四周好好泥[illegible]之，勿令敵人燒毀。

14 穴二窯，皆爲穴瓦屋，爲置吏、舍人各一人，必置水。

此言穴置窯數與其管理人等事。

皆爲穴瓦屋，與辰篇1「爲其門上瓦屋」同。置水所以備敵火。

15 穴矛以鐵，長四尺半，大如鐵服說。（即刃之二矛。）穴去竇尺，邪鑿之上。穴當心，其矛長七尺。穴中爲環利率，穴二。

此言鑿穴之工具。

「穴矛」開穴之具，用鐵爲之，其大如鐵服說；余按「服說」與「鈇鉞」音甚相近，可參下20節。「即刃之二矛」句乃後人注文，謂此矛與軍器之「二矛」相同也。詩經「二矛重英」，鄭玄箋云「二矛，酋矛、夷矛也」，正義駁鄭，以爲「直是酋矛有二，無夷矛」，可見「二矛」的名稱，東漢早已失傳，故鄭取兩種矛解之。

竇即穴口，言去穴口一尺處當向下斜鑿，古文上作「二」，下作「二」，上下兩字甚易互亂（如10及16節之城上，均城下之訛），應改爲「邪鑿之下」，可參前5節圖。

穴當心者猶言穴已開至地心，那時所用之工具，要較四尺半者爲長，故其長七尺，因較長可以省力。

率，爾雅釋水作繂，亦作綍，索也。六韜軍用篇云：「渡溝塹飛橋一，間廣一丈五尺，長二丈以上，著轉關轆轤八具，以環利通索張之。」環利率即環利通索，簡言之爲環索，類於近世之鐵索纜車，可以上下或牽挽人物，前8節之縣陛，當即指此。

16 鑿井城上，俟其身井且通，居版上而鑿其一偏，已而移版鑿一偏。

此言鑿井之法。

城上應作城下，參前節及10節。身，王改「穿」，但文氣與下不相接，余按「身」應解作「靠身這一邊」，謂一邊既鑿通，又移而鑿別一邊。

17 頡皐爲兩夫而旁貍其植，而敷鉤其兩端。

此言作頡皐之法。

一杆之兩端謂之兩夫，植，柱也，所以承杆者，敷同傅，言著鉤於其兩端也。

18 諸作穴者五十人，男、女相半。

此言作穴所用人數。

19 攻穴爲傳土之□，受六參，約枲以絆其下，可提而擧投。已，則穴七人守退壘之中，爲大廡一，藏穴具其中。

此言開穴時運土之具及穴成後之處置。

攻穴猶鑿穴，空格當是「具」字，孫疑傳土作「持土」，非是，「持」猶儲積，但開穴時掘出之土，必須陸續移出，乃不阻礙工作，此是一般常識，若解作儲積，適得其反。傳，移也，轉遞也，今粵俗尚呼運土之竹箕曰參，讀如「慘」，蓋將鑿出之土，先用環索(見15節)牽上穴口，以後再由工人挑去，故云每具受六參。孫以「參」爲「虆」之訛，亦因未詳考方言而誤。

土舂以繩(枲)環其底，便易於提挽，又可舉而傾倒之，是亦省人力之法。

已者作穴既成也，穴成則每穴用七八人守之，退壘疑是可供休息之壘。

廡，蘇以爲罌，非是，余按漢書注，廡，門屋也，瓦罌豈藏工具之器。

20 **難穴，取城外池脣木瓦散之，外斬其穴，深到泉。難近穴，爲鐵鈇，金與扶林長四尺，財自足。客即穴，亦穴而應之。**

此又分述阻礙敵人作穴之法。

難，孫改爲「斮」，非是，阻難爲連言，難穴即阻敵之穴攻，與戌篇5節「難寇」同義。「之外」的「外」字屬上或屬下，均不成句，余謂應移於節首作「難外穴」，(即城外之穴。)與下「難近穴」對言，否則「難穴」與「難近穴」兩無區別矣。將池邊(脣)之木、瓦散開，敵人要作穴自當較爲困難。

斬爲塹字省文，塹穴見前2節。

鈇，斧也，「金與扶林」，孫疑扶林爲鈇枋之訛，余疑應作「鈇與柄」，(鈇字誤分爲「金、扶」兩字。)謂鈇連柄共長四尺，與前15節長四尺半之數相近。財即才，言此項工具足用而止，不必過多。

即，若也，如果也，敵果開穴以攻，我亦作穴以迎拒之。

21 **爲鐵鉤距長四尺者，財自足，穴徹，以鉤客穴。**

此言鉤距之用，丑篇3所言鉤距，與此不同。

徹、通也，既通敵穴，即以鐵鉤距鉤敵方作穴之工兵。史樹青等曾說：「四川出土的鐵器中，有漢鉤鑲一件，在武梁祠石刻中，我們曾見過這樣的武器，劉熙釋名說：『兩頭曰鉤，中央曰鑲，或推鑲或鉤引。』但據墨子魯問篇說：『公輸班作鉤距。』其作用是『退者鉤之，進者拒之』。……我們推測就是展覽會中陳列的鉤鑲，鉤拒是它的別名而已。」（一九五四年文物參考資料一二期一一五頁）展覽會的物品我未見到，不過這裏鉤距的作用在進攻，正如釋名所說「用之之宜也」。

22 爲短矛、短戟、短弩、䖟矢，穴徹以鬭。

此言短兵器等之用途。

揚雄方言云：「箭，其三鐮長尺六者謂之飛䖟。」䖟矢乃矢之一種。

23 以金劍爲難，長五尺，爲銎、木杘；杘有慮枚，以左客穴。

此言金劍之用。

吳引戰國策秦策「以與秦爲難」，難，猶敵也，謂「以金劍爲抗拒之用」；余按下文明言「以左客穴」，則此處不必言抗拒。「難」字俗寫作「难」與行草之「斫」有點相像，「斫」與前20節孫擬改「難」爲「斳」之「斳」同音，擊也，亦卽劍刃。戰國有木劍，近年長沙曾出土，但挫客穴需要鋒利，故特聲明用金刃。依此來看，孫改全句爲「斳以金爲斫」，亦非是，似當做26節的句法，改作「劍以金爲斫」，才合。五尺指劍之長度。銎卽斧斤入柄之處。杘音丑利切，柄也。慮枚，運解爲鹿盧，劍柄怎能安置鹿盧？余謂當是便於執持之處。「左」孫改「佐」，非也，左與挫音近，當改爲挫，卽阻難之意。

24 戒持罌，容三十斗以上，貍穴中，丈一，以聽穴者聲。

此複言穴聽之佈置。

戒，備也。 持，時也，具也。 三十斗，前2節作四十斗。 又2節五步一井，10節三丈一井，此獨言「丈一」，遠近不合，孫疑「丈」上脫「三」字。

25 **爲穴，高八尺，廣、善爲傅置，具鑪、牛皮橐及瓦𡊁，衞穴二，蓋陳霾及艾，穴徹，熏之。**

此又言作穴及其設備之大概。

前5節言穴高十尺，廣十尺，又13節偪穴高七尺五寸，廣七尺，高、廣相近，則「廣」下殆脫「八尺」兩字。 傅置，孫改傅埴，謂卽前13善周塗其傅之意，非也；此對全穴而言，非專說柱，傅置乃薄植之訛（見子篇9節），謂宜善爲搘柱，約如前13節所言。

𡊁卽缶，以載艾、炭等，衞，舊無解，猶言「每」也，下倣此。「陳」與「塡」古音甚相近，「蓋陳」謂以艾等塡蓋於缶內，與8節「滿鑪而蓋之」同，舊解不詳。 又霾，畢以爲豆葉，非也，此當後世所謂霍香之屬，與艾同是香草。

26 **斧以金爲斫，杘長三尺，衞穴四。**

此言作斧之制。

凡金類，古人都稱爲「金」，非黃金也，「斧以金爲斫」句依孫、李讀。 斫是斧刃，見前23。

27 **爲壘，衞穴四十。 屬四。**

此言壘、斸之數。

壘即壟，見子篇59，盛土籠也，故每穴四十具，吳疑「十」字誤。

屬即斸，亦見子篇59。

28 爲斤、斧、鋸、鑿、钁、財自足。

此言開穴所用之雜器。

斧斤常連言，用以斫。钁，大鋤也。

29 爲鐵校，衛穴四。

校，孫疑是闌校，未確。可能是後世之「鉸」，剪刀也。

30 爲中櫓，高十尺半，廣四尺。

此言中櫓之制度，櫓，楯也，參子篇29。

31 爲橫穴大櫓葘。

葘見辰篇2。橫穴大櫓葘，疑備以阻敵。

32 具藳，枲，財自足，以燭穴中。

此言備燃火之具。藳，禾稈。枲當是麻骨。

33 盆持醯，客即熏，以救目；救目，分方鑿穴，以盆盛醯置穴中，大盆毋少四斗，即熏，以目臨醯上及以洒目。

此言備醯之法。後半節與前半意複，如非注文，即是墨徒所記不同。

持，具也。春秋繁露郊語篇：「人之言，醞去煙。」吳云：「醞蓋一種易揮發之酒類，故下文曰以目臨醞上，若不易揮發，則以目臨醞上，亦屬無稽。」按酒精比水可以多溶解氣體，關烟之說，或非無據。卽，若也，言敵人如施用熏法。分方鑿穴卽分向各方開穴，所以通氣泄烟。

洇、俞疑油之誤，孫疑洒之誤，余則謂洇之義猶保護。

（午）備蛾傅第六十三

1 禽子再拜再拜曰：敢問適人强梁，遂以傅城，後上先斷，以爲法程，斬城爲基，掘下爲室，前上不止，後射既疾，爲之柰何？

梁原作弱，依運本改。斷，斬也，後上先斷猶云後上者斬。

斬城之斬卽塹字，見巳篇20。

2 子墨子曰：子問蛾傅之守耶？蛾傅者將之忿者也，守爲行臨射之，技機藉之，擢之，太氾迫之，燒答覆之，沙石雨之，然則蛾傅之攻敗矣。

此言御蛾傅之法，蛾同蟻，見子篇3。密集衝鋒，有幾分就是以人肉爲搏戰之具，墨子稱爲將之忿者，批評正合。

行臨，孫謂卽高臨，非也。高臨係指敵方進攻，此之行臨，指主方守禦，或卽子篇49之行樓，丑篇4之高樓，寅篇5之行城。

技機藉之見丑篇2。

擢，拔去也，其上或脫兩字。

太氾，孫謂當爲火湯，余按此名係指一切燃燒之具。

答，參看子篇11及37。

3 備蛾傅爲縣脾，以木板厚二寸，前後三尺，旁廣五尺，高五尺而折爲下磿車，輪徑尺六寸，令一人操二丈四矛，刃其兩端，居縣脾中，以鐵鏁敷縣二脾上衡，爲之機，令有力四人下上之，勿離。施縣脾，大數二十步一，攻隊所在，六步一。

此言作縣脾之法。脾，畢疑卽陴字。縣脾是方形無底之木箱，前後各闊三尺，兩旁五尺，高五尺，其中恰可容一人，上端橫木（上衡），繫以鐵鍊，用滑車牽之，使急上急下（勿離猶云勿停），用以刺殺爬城之敵也。

論語顏淵鄭注：「魯讀折爲制。」折爲車卽製爲車。下磿車，孫謂卽丑篇3之磿鹿，滑車也，亦卽下文之「爲之機」。

刃其兩端，或如子篇71所云「銳其兩末」，吳謂此物非矛，殊欠詳考。

鏁卽鎖，鐵鎖見巳篇12。敷同傅，巳篇17作敷，古字重聲不重形，故同一書內，寫法亦往往互異。蘇謂衍「二脾」之「二」字，余疑「二」字應乙在「鐵鏁」之下，因鐵鎖只一條，上下時怕不够靈便，故用二條。

大數猶大概，非戰綫所在則二十步一縣脾，戰綫（攻隊）所在則六步一縣脾，視敵之攻勢而增減之。

4 爲纍答，廣、從各丈二尺，以木爲上衡，以大麻索編之，染其索塗中，爲鐵鏁，鉤其兩端之縣；客則蛾傅城，燒答以覆之，連筳、抄大皆救之。

此申言燒答覆敵之法。

槧，畢云當爲壘，未確；槧答與礌石之義多少相同，推下也。

從讀如縱。染索塗中（參巳篇12）係用以懸弔槧答，故須避免敵人火焚，若答則正用以燒敵，唯恐其燒之不速矣，當分別觀之。

「客則」之「則」，與巳篇33之「卽」同義，若也，運本改作「客卽」。

連筳，吴疑是子篇12之連梃；抄大，孫疑「沙火」之誤。余按連梃用以打擊女牆外爬城敵人（見子篇12），沙、灰亦以拒敵（見寅篇6，「火」應「灰」之訛，因燒答已是火攻，不須再言「沙火」）。「皆救」之意，猶言施用種種方法以救止城牆被爬，「救之」指城言，「覆之」指敵言，兩「之」字用法迥異，舊無明解，讀者滋惑，故特辨之。

以車兩走，軸間廣大，以圉犯之，融其兩端以束輪，徧徧塗其上，室中以榆若蒸，以棘爲旁，命曰火捽，一曰傳湯，以當隊。客則乘隊，燒傳湯斬維而下之，令勇士隨而擊之，以爲勇士前行，城上輒塞壞城。

此言用火捽（一名傳湯）却敵之法。

兩走卽兩轅，亦兩輪也，見辰篇2。

圉，孫疑作圍，亦可通。犯應從于作範，鈐制之意。余則疑圉未必訛，因圉字本具外圍之義，否則或爲「固」卽「箍」之借，總之無論爲「圍」爲「固」，都係名詞，似用金類製成，故下文言「融其兩端」，若用木製，不可融也（融卽鎔）。依此解釋，則「以束輪」三字文義自通，不能依孫於「以」下增「木」字。又于謂「圍範」即「範圍」，亦不合，因此兩字之上一字應爲名詞，下一字應爲動詞，非兩字平舉也。偏偏，蘇云誤重。余以爲偏偏猶今言「密密」、「快快」，是加强的語氣，孫改「偏編」，更不可通。窒中，充塞其中也，見子篇74。蒸，薪也，榆或蒸皆易燃之品。旁置荆棘係用以刺傷敵人。捽之義當爲「投」，湯即今北語之「燙」，灼熱也，傳湯猶言燒灼。辰篇2之輪轀，亦言維置，故用時須斬維而後可以墜下。以爲勇士前行者，猶言替勇士開路，與現代戰爭先施密集砲火而後攻隊隨上，用意正相同。

6 城下足爲下鋭鑱杙，長五尺，大圍半以上，皆剡其末，爲五行，行間廣三尺，貍三尺，犬牙樹之。

此言作鑱杙之法。

「足爲」猶「多爲」，與「財自足」之意相反。

鑱杙，王引子篇104涿弋相比，非也；彼是門丁，此乃行馬之屬，兩物迥異。彼長止七寸，此長五尺，彼行間廣六寸，此廣三尺，其非同一，比觀自明。

剡，削尖也。犬牙，交錯也。樹同竪。

7 爲連殳，長五尺，大十尺。

此言連殳之制。殳係軍器之一種，大十尺或當作大十寸，運本改「大一尺」，亦即十寸。

8 梃長二尺，大六寸，索長二尺。

此言連梃之制，連梃見上4節及子篇12。

9 椎，柄長六尺，首長尺五寸；斧，柄長六尺，刃必利，皆葬其一後。

此言椎、斧之制。

子篇63「長椎，柄長六尺，頭長尺」，首長與此差五寸。又子篇60長斧，柄長八尺，比此差二尺。字書無葬字，殆下節「皆著其後衡」之複文。

10 答廣丈二尺，□□丈六尺，垂前衡四寸，兩端接尺相覆，勿令魚鱗三，著其後衡中央，大繩一，長二丈六尺。答樓不會者以牒塞，數暴乾，答爲格，令風上下。

此言置答或答樓之制，亦即2節燒答覆敵之答。

子篇11「答廣九尺，長十二尺」，本節空格當是「其長」二字，長必比廣較大，故「丈六尺」之數未必誤，此由中央之繩長二丈六尺，便可見之。或作「大六尺」者不可信，「廣」應與「長」對舉，不應與「大」對舉。

「垂前衡四寸」殆「四尺」之訛，下文戌篇4「渠之垂者四尺」，應是誤答垂爲渠垂，可參看。

「兩端接尺相覆」之義，與甲篇7「令相接三寸」同，猶言令其相覆者約一尺。「三」按應作「參」，勿令如魚鱗之參錯也。

「著」上應有「皆」字，答之搆成，不止一片，可於「兩端接尺相覆」見之，故「皆」字萬不可少，前節「皆葬其一後」殆卽「皆著其後衡」之複誤。著，附也，言於後衡之中央，附大繩一條，蓋以備牽垂之用，係以後衡斲句，不合。

「不會」猶言不密合，堞是板片，謂荅有空隙，則用板片塞密之。荅用以燒敵，濕則難燃，故須數數曝乾，「爲格令風上下」，自然空氣流通，於荅之燃燒，大有助力。

11 **堞惡疑壞者，先埋木十尺，一枚一；即壞，斲植，以押盧薄於木，盧薄長八尺，廣七寸，徑一尺，數施一擊而下之，爲上下釫而斲之。**

此言修治壞堞之法。惡猶不好，疑壞，未壞而疑其壞也。

十尺上似漏「長」字。「一枚一」，孫疑下「一」字衍，余以爲當作「一步一」，否則疏密無定規。斲，畢以爲「斲」字，余按即詩經「椓之丁丁」之「丁」，後世作「釘」，打或擊也。植，柱也，指上文長十尺之木而言。押，壓於上也。盧薄，柱上橫木也，應乙爲「以盧薄押於木」。簡言之，如堞果壞了，即每隔一步竪立長十尺木柱一枚，其上壓以長八尺之橫木，然後屢次槌擊而下之（數猶頻頻），仿彿現代之打樁工作。

釫，舊說以爲鍬，余頗疑爲「釘」之訛。釫字始見晉書，若然則與「斲之」正相照應。

12 **經一鈎、木樓、羅石。**

此節必有脫誤，「經一」或上文「徑一尺」之複出。木樓見子篇26。羅石即纍石，見子篇79。

13 **縣荅植內，毋植外。**

此言縣荅之法。荅必張掛於柱，見子篇37，本節又申明之，謂要張掛在柱之內方，不要在柱之外方。

14 **柞格，貍四尺，高者十尺，木長短相雜，兌其上而外內厚塗之。**

此言置柞格之法。「柞」舊作「杜」，依孫改。柞格者阻礙軍行之物，或即柞鄂。兌即銳字。柱止可外塗，「內」疑「周」訛。

15 **爲前行。**

疑即前5節「以爲勇士前行」之複文。

16 **行棧縣荅。**

此節有漏脫，行棧見子篇49及酉篇2。縣荅即前13節之複出。

17 **隅爲樓，樓必再重。**

此言城隅置樓，參子篇36。再重樓見子篇42及74。

18 **土，五步一，毋下二十畾。**

此言積土之量。畾亦即壘，盛土籠也，見子篇59及巳篇27。

19 **爵穴，十尺一，下堞三尺，廣其外。**

此複言爵穴之制，已見子篇50及97，但彼言三尺而一或五步一，均與此異。

20 **轉䏺城上樓及散與池革盆，若傳，攻卒擊其後，緩失治。車革火。**

此節文多脫誤難解，唯革盆見子篇9。其中似有誤複之文，如「車革火」當是「熏火」。

21 **凡殺蛾傅而攻者之法，置薄城外，去城十尺，薄厚十尺。伐薄之法，大小盡本斷之，以十**

尺爲斷，離而深貍堅築之，毋使可拔。

此言破蟻傅進攻之方法。

殺，破也，參巳篇5。除此之外，本節文字幾與寅篇10全同，惟彼作裾，此作薄爲異；黃紹箕謂裾（卽裾）、薄二字同部，聲近義同，其說太過牽强。薄，杜也（見子篇9），亦得爲障礙物，與裾爲刺脚物者用途相近，故薄、裾兩名可以互通。吳引三國志徐盛傳，盛建計從建業築圍作薄落，圍上設假樓，以與本文相比，殊昧於事實；試問各杜離開分竪，豈能作築樓的基礎，不能因「薄落」與「薄」相同一字，遂遽行牽合，還須求其實狀如何也。

盡本，連根之謂，舊誤「盡木」，今依寅篇10改正，其餘均解見寅篇，可參看。

22 **二十步一殺，有鬲，厚十尺；殺有兩門，門廣五尺，薄門板梯貍之，勿築，令易拔。城上希薄門而置楬。**

此復述置殺之法，文與寅篇11幾全同。

寅篇言裾門，此言薄門，正見「裾」、「薄」兩名可以互用（參上節）。又比觀寅篇「裾門一施淺埋」句，則本節「板梯」兩字可能是「淺」之誤複，其餘解見寅篇。

23 **縣火，四尺一椸，五步一竈，竈門有爐炭，令敵人盡入，熏火燒門，縣火次之，出載而立，其廣終隊，兩載之間一火，皆立而待，鼓音而然火，卽俱發之，敵人辟火而復攻，縣火復下，敵人甚病。敵引師而去，則令吾死士左右出穴門擊潰師，令賁士、主將皆聽城鼓之音而**

出，又聽城鼓之音而入，因素出兵將施伏，夜半而城上四面鼓噪，敵人必或，破軍殺將。以白衣爲服，以號相得。

此節幾完全與寅篇12相同。

「而去」，舊本作「而楡」，畢改「去」；余按吾縣「楡」「去」同音，可見粤音與北方古音之密切；孫謂「楡、去音不甚近」，則未詳考乎古音及方言也。餘均解見寅篇。

（未）迎敵祠第六十八

1敵以東方來，迎之東壇，壇高八尺，堂密八，年八十者八人，主祭青旗，青神長八尺者八，弩八八發而止，將服必青，其牲以雞。敵以南方來，迎之南壇，壇高七尺，堂密七，年七十者七人，主祭赤旗，赤神長七尺者七，弩七七發而止，將服必赤，其牲以狗。敵以西方來，迎之西壇，壇高九尺，堂密九，年九十者九人，主祭白旗，素神長九尺者九，弩九九發而止，將服必白，其牲以羊。敵以北方來，迎之北壇，壇高六尺，堂密六，年六十者六人，主祭黑旗，黑神長六尺者六，弩六六發而止，將服必黑，其牲以彘。從外宅諸名大祠，靈巫或（？咸）禱焉，給禱牲。

此記敵來祭神之法，古代軍中之迷信也。

密，吳以爲陛，非是；俞以爲深，兩說中後一說近是。余疑密者量之總稱，包高、廣、深三事而言，否則「堂密」爲一名，象徵着假山，尸子：「松柏之鼠，不知堂密之有美樅。」究爲何義，尚待證明。

主祭青旗應爲句（餘同），後世說部言出軍之前，必先祭旗，蓋本於此。

「從」，孫改「徙」，非是，此言從外頭所有各大名祠起，均派巫致祭，且給以祭神牲品。

2凡望氣，有大將氣，有小將氣，有往氣，有來氣，有敗氣，能得明此者可知成敗、吉凶。

此言望氣之法，亦古人迷信之一種，今通典一六二有風雲氣候雜占，即其遺法。

「有敗氣」之上，余疑脫「有勝氣」三字。

3 舉巫、醫、卜有所長，具藥宮之，善爲舍。（望氣舍近守宮。）巫必近公社，必敬神之。巫、卜以請報守，守獨智巫、卜望氣之請而已；其出入爲流言，驚駭恐吏民，謹微察之，斷，罪不赦。

此繼前兩節言任用巫、醫、卜之法。

具同俱，見寅篇12，全句當作「俱宮養之」，「藥」字涉上「醫」而誤。

望氣猶今之氣象臺，故須特爲置舍，且須與太守之署相近，便於報告。

墨子書通以「請」代「情」，又「智」與「知」同，言巫、卜以情報守，巫、卜望氣之情形，唯守獨知之，勿令他人知也。

「其」指巫、卜（參酉篇62），巫卜有造謠生事擾亂人心者，應密加偵察（微察），各處罰不赦。王以「斷」爲「斬」，但從墨子各篇觀之，「斷」字包含多種處罰方法，不盡是斬刑。

4 收賢大夫及有方技者若工，弟之。舉屠、酤者置廚給事，弟之。

酤，賣酒人。「弟」，孫解爲「秩」，于解爲「夷」，均誤，畢解「次第」，較得其意，即言分別其能力而爲之品第，使互相統屬也。賢大夫、方技士及百工爲一類，屠宰及沽酒人爲一類。

5 凡守城之法，縣師受事，出葆，循溝防，築薦通塗，脩城。百官共財，百工即事。司馬視城

脩，卒伍，設守門，二人掌右閹，二人掌左閹，四人掌閉，百甲坐之。

此略言守城初期各人的職務，自此以下五節，所敘與迎敵祠無關。

周禮地官有縣師，云：「若將有軍旅、會同、田役之戒，則受灋于司馬以作其衆庶及馬牛車，輦會其車人之卒伍，使皆備旗、鼓、兵器以帥而至。」其職是擔任動員事務的一部，受事，猶任事也。葆卽堡壘，出葆者視察堡壘。循，巡也，巡視河溝防務，後世之濠，亦通稱爲護城河。薦與荐通，孫云：「左傳哀八年『栫之以棘』，杜注云『雍也』，釋文云『栫一作荐』。築薦通塗謂雍塞通達之塗也。」猶之現代之佈鐵網、埋地雷矣。

共卽供給，百官共財，百工卽事，則有錢者出錢，無錢者出力之謂。

閹卽掩，此處作名詞用，猶云右扇、左扇，每扇兩人，合之則四人，共司啓閉之務。甲指甲士，每門有百甲士坐守。

6 **城上步，一甲，一戟，其贊三人，五步有五長，十步有什長，百步有百長，旁有大率，中有大將，皆有司吏卒長。城上當階，有司守之。**

此約言城上自將以下之軍隊編制。

步者每步也，子篇67「樓卒率一步一人」，一帶甲，一持戟，合贊佐三人計之，卽五步內計有五人。五長卽伍長。什長見子篇46。旁，四旁也。率卽帥。中篇5及酉篇5均有四面、四門之將，卽分守四旁者。皆有司吏卒長，疑當作「吏卒長皆有司」。

城上當階，疑是上城之道。

7 **移中中處，澤急而奏之，士皆有職。**

此言處理簿書之法。

古人稱簿書曰「中」，見周禮，前一「中」字指簿書（舊解都誤），「中處」言適中之處，澤同擇，謂將文書移於適中之處，擇其緊急者奏之於上官，今官署收發處呈送文書，分列平常、緊要、至急數項，卽其遺意。

士皆有職句，卽前節「吏卒長皆有司」之注文。

8 **城之外，矢之所遝，壞其牆，無以爲客圍，三十里之內，薪、蒸、木皆入內，狗、彘、豚、雞，食其肉，斂其骸以爲醢，腹病者以起。**

此言城外堅壁清野之大概。

遝，及也；圍，捍圍也。凡牆皆壞之，勿使敵人得利用爲掩蔽物。

蒸亦薪類，狗、豕等骨製成肉醬，可以治病，運注謂以骨髓和麴，可止泄利。

9 **城之內，薪、蒸、廬、室，矢之所遝，皆爲之涂菌。令昏緯狗、纂馬，掔緯。靜夜聞鼓聲而譟，所以閹客之氣也，所以固民之意也，故時譟則民不疾矣。**

此言城內安定民心之法。孫云：「凡守城之法以下至此，疑他篇之文，錯著於此。」

涂同塗，塗菌卽子篇24所云積薪善蒙塗，毋令外火能傷。

緯、纂皆繫也，掔，固也，言到晚上即將狗馬拴繫堅固，勿令奔逸。謬同譟，闇，壓也。夜静聞鼓則羣譟，所以驚敵營，故曰壓敵之氣。但此種方法亦須善應用之，不然，反易招致自己之驚擾矣。又前5節之「闇」代「掩」字，此處之「闇」代「壓」字，古書多重聲而不重形，其難讀之原因，即由於此。

10 祝、史乃告於四望山川、社稷，先於戎，乃退。公素服誓于太廟，曰：其人爲不道，不脩義詳，唯力是上，曰：予必壞亡爾社稷，滅爾百姓。二參子尙夜自廈，以勤寡人，和心比力兼左右，各死而守。既誓，公乃退食，舍於中太廟之右，祝、史舍于社。百官具御，乃升，鼓于門，右置旂，左置旌，于隅練名，射參發，告勝，五兵咸備。乃下，出俟，升望我郊。乃命鼓，俄升，役司馬射自門右，蓬矢射之，矛參發，弓弩繼之；校自門左，先以揮，木石繼之。祝、史、宗人告社，覆之以甑。

此言戰事前，祝、史（太祝及太史）祭告四周山川及諸侯誓師之禮，今僅略解其字義。

戎，戰事也，按先於戎謂戰前。

公指當日之諸侯。其人指敵人。舊本「唯乃是王」，孫改「唯力是正」，于改「唯乃是匡」，今從吳改。因「上」與「詳」韻，且于改者上下文氣不接也；「詳」，余疑是「讓」字。予必壞亡爾社稷，滅爾百姓二句，述敵人之語。參即三，下同。「尙」下，蘇謂當脫「夙」字。廈，畢疑厲之訛。左右，助也。死同尸，主管也。

于隅練名，或卽在門之左右隅作銘識。

俄者，須臾之間。役司馬，官名。校，軍吏。

揮，景羲謂卽徽字，戰時置於衣下，各有處，厭勝用之，以除不祥，若然，則卽日軍所常佩千人針神符之類。覆之以甑，亦厭勝術之一。

（申）旗幟第六十九

1 **守城之法，木爲蒼旗，火爲赤旗，薪樵爲黃旗，石爲白旗，水爲黑旗，食爲菌旗，死士爲倉英之旗，竟士爲虎旗，多卒爲雙兔之旗，五尺童子爲童旗，女子爲姊妹之旗，弩爲狗旗，戟爲䔲旗，劍盾爲羽旗，車爲龍旗，騎爲鳥旗，凡所求索，旗名不在書者，皆以其形名爲旗。城上舉旗，備具之官致財物，物足而下旗。**

此言城上舉旗以代口號之法，實近世所用打旗號之最古形式；在城上需要某種物品或要某種人應用，口號不易及遠，故改用舉旗法來替代，主其事者便照旗號辦理，待徵集已畢，即將旗收下，所謂「物足而下旗」也。

蒼、赤、黃、白、黑五旗，並以顏色爲別，蒼卽青色，需材木時懸青旗，餘類推。通典一五二云：「若須木擴拯板，舉蒼旗；須灰炭稕鐵，舉赤旗；須檑木樵葦，舉黃旗；須沙石甎瓦，舉白旗；須水湯不潔，舉黑旗。」與本書相類。

菌是食品，故食爲菌旗，孫疑作「茜」，按茜，赤黃色，易與「赤」混，且常言未見有取「茜」與五色並列者，孫說不確。

孫又云「自倉英旗以上七旗，並以色別」，因俞云「倉英之旗乃青色旗」也；然青旗與蒼旗相混，當依蘇說「倉英卽蒼鷹」，與虎旗、雙兎旗三種，同是以物爲記。竟士猶云勁卒，竟、勁學同音。五尺約年十四以下，童旗、姊妹旗均以人爲記，按姊妹舊作「梯末」，不可通，蘇引易「枯楊生稊」爲證，尤謬；茲校改，姊妹之右旁，與梯末相類，故訛。

莅，孫疑「旌」，近是。周禮春官「析羽爲旌」，與羽旗及狗、龍、鳥三旗同屬一類。徵集事物既多，旗式不能盡擧，書所不載，皆以其形名爲記，可見前文徵集女子之旗，斷爲姊妹旗。

通典守拒法所記八種旗，遠不如本篇之周密。

2 **凡守城之法：石有積，樵、薪有積，菅茅有積，萑葦有積，木有積，炭有積，沙有積，松柏有積，蓬艾有積，麻脂有積，金錢有積，粟米有積；井竈有處，重質有居；五兵各有旗；節各有辨；法令各有貞；輕重分數各有請；主慎道路者有經。**

此總言城中應貯積之物品及其他佈置。

重質指他國之爲質者，謂須關比較安全之地以居之，此事於外交大有關係，舊說未詳。

五兵，周禮鄭玄注：「戈、殳、戟、酋矛、夷矛也。」前節戟爲旌旗。

辨，判也，古時出入之符節，均析作兩半，合之以驗其信否。

貞，定也。請讀如情，見末篇3節。慎道路，循行道路，經，行也。謂法令應有規定，輕重視乎人情，巡視道路者當各有所司，畫分經行之綫。

3 **亭尉各爲幟，竿長二丈五，帛長丈五、廣半幅者六。**

此言亭尉之旗制，亭尉見子篇47。每尉須備六幟，參下節。

4 **寇傳攻前池外廉，城上當隊鼓三，舉一幟。到水中周，鼓四，舉二幟。到藩，鼓五，舉三幟。到馮垣，鼓六，舉四幟。到女垣，鼓七，舉五幟。到大城，鼓八，舉六幟。乘大城半以上，鼓無休。夜以火，如此數。寇卻解，輒部幟如進數，而無鼓。**

此規定敵人攻城由遠而近時應舉幟及擊鼓多少以告急之法，疑卽由亭尉司之。

前池，城前之池，廉，邊也。當隊猶云當敵人攻綫所在處，故知墨書之「隊」字，多非指隧道。「周」與「洲」粵同音（隋書張鎮州又作張鎮周），池內浮起之地曰水中洲。藩者藩籬，馮垣在女垣外，女垣卽外堞，（說文：「堞，城上女垣也。」不適用於此處，否則敵已爬至城上矣。）乘猶今言「爬」，謂已爬至半城以上，則鼓聲不停，是最緊急的時候。

夜分舉旗，人不能見，故代以火，一幟代以一火，二幟代以二火，餘類推，所謂「如此數」也。

部，王讀如踣仆，非是，仆旗止頃刻間事，城人或未必望見。「如進數」者言依照敵人進攻時舉旗之數，惟敵人進攻時有鼓，敵人退卻時無鼓，是其大別；換句話來說，卽敵人退到女垣，便舉五幟，退到馮垣，便舉四幟，餘類推，但不擊鼓，故「部」當依畢訓「部署」。

5 **城將爲絳幟，長五十尺。四面四門將長四十尺。其次，三十尺；其次，二十五尺；其次，二十尺；其次，十五尺；高無下十五尺。**

此言幟分六等之制。前3節言亭尉幟長二丈五，屬第四等。

高無下十五尺，言幟長最低的限度。

6 城中吏、卒、民、男女皆辨異衣章徽，（令男女可知。）城上吏置之背，卒於頭上；城下吏、卒置之肩，左軍於左肩，右軍於右肩，中軍置之胷，各一。

此言吏、卒徽章之制別。尉繚子兵教篇云：「將異其旗，卒異其章，左軍章左肩，右軍章右肩，中軍章胷前，書其章曰某甲某士。」前清綠營兵勇胸前背後著圓徽，現代軍隊帶肩章，皆從此發展出來。

「徽」字今本墨子都作「微」，因唐人書法，「徽」、「微」兩字甚易誤混，說見拙著讀莊發微及舊唐書地理志舊領縣之表解（一五四—五頁）。

「令男女可知」句，吳疑文義不接；余按此句實注文，故以括弧別之，猶言須令一般男女都曉得。

「各一」兩字，孫、吳均屬下讀，於文義不合，此言每人止一徽也。今世有帽徽、領徽、袖徽等，其制日趨於繁瑣矣。

7 鼓，中軍一，每鼓三、十擊之，有鼓之吏，謹以次應之；當應鼓而不應，不當應而應鼓，主者斬。

此言司鼓之制。

孫、吳均以「各一鼓中軍一三」為句，孫云：「疑當作中軍三，言鼓多於左右軍，『一』衍文。」余按「各一」兩字既非上連左右軍，何從知是指左右軍之數？況下文又云「有鼓之吏」，更見除中軍外，有鼓者還不止左右軍，墨子書常用一個字起題，故「鼓」字實本節之標目，一般號鼓自應從中軍發出（參酉篇

9)，故曰「鼓，中軍一」，「三」字涉下「三十」而衍。

三、十擊之，言擊鼓之數，自三至十，前4節有三擊至八擊之規定，酉篇20節又言昏鼓鼓十，可證。

各「應」字均讀如答應之應，非應該之應，當應不應或不當應而應，均失令惑衆，故司鼓者處斬。

8 **道廣三十步，於城下夾階者各二其井，置鐵甕。於道之外爲屏，三十步而爲之圜，高丈。爲民圂，垣高十二尺以上。**

此言道上之衛生設備，與旗幟無關。

王以「其井置鐵甕」爲句，于以「各二其井」及「置鐵甕於道之外」爲句，吳以「於道之外爲屏」爲句，（孫、吳兩書均無圈點，止有附注者乃知其如何讀法。）茲參合數家讀如上：謂城下大道夾階之處（城上當階見未篇6）各有兩井，（其井之「其」或衍文。）井置鐵罐，所以備貯水也。（甕，金文作鑵，洛陽伽藍記：「石槽、鐵罐供汲行人飲水。」一切經音義八：「鑵，汲器。」皆與此之鐵甕同。）道外築屏廁，子篇22言五十步一井廁，此言三十步，小異，原文或當作「三十步而一」。圜，圍繞也，即子篇「周垣之高八尺」，所異者此高一丈耳，孫謂圜當作圂，大誤。

據子篇39，廁與圂有別，此言民圂，則屬於人民公用，其垣更高。

9 **巷術通周道者必爲之門，門二人守之，非有信符，勿行，不從令者斬。**

此言街巷置門閘以驗往來符識之法。術亦道也，周道見子篇45，大道也，「通」字據孫注補，否則文義不明。

信符卽前文2節之「節」，正屬於徽識一類，孫、吳謂此節與旗幟無涉，均屬誤會。

10 **諸守柞格者三出卻適，守以令召賜食前，予大旗，署百戶邑若他人財物，建旗其署，令皆明白知之，曰某子旗。柞格內廣二十五步，外廣十步，長以地形爲度。**

此言卻敵立功者有賜食、賜財及授旗等勞軍方法。

柞格見午篇14，舊訛牲格，「柞」、「牲」因形近而訛。擊退敵人三次有功者，太守便傳令其人至前賜食（蘇於「賜食」斷句，非也。）授以百戶之邑或他人財物，又給予大旗，豎於營署，使人民都知道是某人獲得之旗；「某子」猶孔子、孟子之「子」。尉繚子兵敎上篇云：「乃爲之賞法，自尉、吏而下盡有旗，戰勝得旗者各視其所得之爵以明賞勸之心。」合觀本節，知現代外國授旗之禮，我國自古有之，特後世不常施行耳。

「長」舊訛「表」，茲依吳校改，今本墨子多訛「長」爲「表」。

11 **勸卒中敎，解前後、左右，卒勞者更休之。**

此言部勸士卒之法。

中敎讀如「中規矩」之「中」，部勸之使合乎敎令也。「解前後左右」卽步兵操典前轉、左轉之類。過勞者則令更番休息。

(四)號令第七十

1 安國之道，道任地始，地得其任則功成，不得其任則勞而無功。人亦如此，備不先具者無以安主；吏卒民多心不一者，皆在其將長，諸行賞罰及有治者必出於公。

此總言處事須先有豫備，一秉大公，如果吏民疑心，其責應將與長官負之。

任，用也，「道任地始」猶言其道從任地爲始，即是先要能適應地利。

2 王數使人行勞賜，守邊城關塞、備蠻夷之勞苦者，舉其守率之財用有餘、不足，地形之當守邊者，其器備常多者。邊縣邑視其樹木惡則少用，田不辟、少食，無大屋、草蓋，少用桑。(多財，民好食。)爲內堞，內行棧，置器備其上。城上吏、卒、養皆爲舍道內，各當其隔部；養、什二人。爲符者曰養吏一人，辨護諸門。門者及有守禁者皆無令無事者得稽留止其旁，不從令者戮。敵人但至，千丈之城，必郭迎之，主人利，不盡千丈者勿迎也，視敵之居曲衆少而應之，此守城之大體也。其不在此中者，皆心術與人事參之。

此約言守城之大體，凡書所未載，則當斟酌情形施行之。

首四句言國王要周知四處守備情形。數，屢也，行勞賜即巡問兼犒賞也，舉者舉報也，守率即守帥，(見末篇6節，孫疑作「卒」，非是。)「不足」下應補「者」字，謂國王應頻頻使人慰問及賞賜守邊勞苦之將士，且視察各地財政有餘或不足，某處地形險要當守，又某處器具豫備常充足，均分別報告之。

次三句言節約之必要。 惡，缺乏也，辟，開闢也，「大」疑當作「士」，草蓋，茅蓋也，凡邊地林木缺乏者應節約木料，土地多未開墾者應節約食料，無土屋、茅舍者應節約桑樹，因桑枝可作支蓬用也（屈桑木見通典一五二）。 孫解「少用」爲「材木不足共用」，「少食」爲「田荒農惰則食不足」（吳從其說），則文意不完。 孫又謂「少用桑」爲「少車乘」之誤；按上文兩句「惡」與「少用」對舉，「不辟」與「少食」對舉，本句「無」與「少用」對舉，文例同一。 若依孫改，則「少車乘」與「無土屋草蓋」並非互相針對之文，故知其不然也。 運本及吳作「少用乘」，亦是難通，試問無「土屋草蓋」與「少用乘」有何聯繫耶？「多財民好食」一句，孫謂下有脫誤，余以爲此句實「財用有餘」之注，今混入正文，故似有脫漏。 好食則食易不足，應行節約，巡視邊備者所應注意也。

內堞見子篇74。 行棧見子篇49。

公羊傳宣公七年何休注「炊烹曰養」，則今之炊事兵也，每十人設炊事兵二人（什二人）。 「隔部」是所守分地，故任舍須與相近。

掌符信者名曰「養吏」。 辨卽今「辦」字。 守門者應監視無事之閒人，使不得滯留於稽查門禁者之旁，所以免奸宄混入。

「但」字不誤，今粵語常說「但逢」，猶云「每逢」也。 「千丈」係指城周言，大城須出兵拒敵於郭外，小城（「不盡千丈」卽不及千丈。）可坐待之，要須視敵人部曲（卽「居曲」）多少而因應之，示人以兵法貴變通，不能死守書本也。

3凡守城者以亟傷敵爲上，其延日持久以待救之至，不明於守者也，能此，乃能守城。

此言守城以急敗敵人爲最要，坐待援兵爲不智。

4守城之法，敵去邑百里以上，城將如今盡召五官及百長以富人重室之親，舍之官府，謹令信人守衛之，謹密爲故。

此言敵寇將到時處置城內官長、紳富的親屬之法。

「如今」不誤，粵中俗語尚偶用之，略同於英文之 now、then，猶言此時也，畢、孫、吳改「如令」，亦因不能證以方言。

五官當如今世分科辦事之首長。以，與也，見運本。重室見子篇64。取官長及富人、貴家之親屬，安置在官府，蓋防此等人內變，所以用親信人守衛之。故，巧也，好也，見子篇73及寅篇6。

5及傳城，守城將營無下三百人。四面四門之將，必選擇之有功勞之臣及死事之後重者，從卒各百人。門將并守他門，他門之上，必夾爲高樓，使善射者居焉。女郭、馮垣一人一人守之(使重室子)。

此言敵已傳城時守衛任務之如何分配。

「後重」，蘇以爲重室子，非是。「承重」見儀禮疏，今尚爲通俗語，「重」亦爲人後者之別稱，守要地須求(選擇之，「之」，于也)死事者之後，係取其較可信用。

高樓卽子篇64之高磿㯳，彼言「使重室子居其上」，故知此處之「使重室子」一句，係「使善射者居焉」之注文，否則語意不完。

蘇疑「一人」二字誤重，吳又疑「一步一人」之訛，引子篇67爲證，但彼文指城樓之卒，與此處異。余謂「一人一人」猶午篇5之「偏偏」，所守不一處，故重言之。女郭卽申篇4節之女垣，馮垣亦見同節。

6 五十步一擊。

蘇云：「擊當作樓。」余疑「擊」爲「隔」之音轉，卽寅篇11之鬲，參下戌篇21。

7 因城內里爲八部，部一吏，吏各從四人，以行衝術及里中。里中父老不與守之事及會計者，分里以爲四部，部一長以苛往來，不以時行，行而有他異者以得其姦。（吏從卒四人以上。）有分守者大將必與爲信符，大將使人行守，操信符，信符不合及號不相應者，伯長以上輒止之，以聞大將。當止不止及從吏卒縱之，皆斬。諸有罪自死罪以上，皆逮父母、妻子、同產。

此言城內晝段巡視及年老人動員之法。

首言將城中里居分作八部，每部派一吏管之，吏率屬四人巡行於各里道中。（衝術見子篇30，道路之別稱。）

下文「吏從卒四人以上」，卽「吏各從四人」之注。

次言城中各里父老有不參預守城及會計事務者，又再依里晝分爲四部，（孫云「又於一里之中，分之爲四部」，未免太瑣碎。）每部各設一長，查詰（苛，詰問也。）不依時間往來或形迹可疑之行人，使姦人不致漏網。

次言分守各地之將吏，大將須先與有符約，如巡查之人所持符約不對，或口號不合，則百長（即伯長）以上有權扣留而後報告大將。　如此辦法，互相稽察，自難發生姦人冒充之弊。

末言應該扣留而不扣留，或隨從之吏卒把其人放走，皆處以斬罪。　自斬罪以上皆逮捕其父母、妻子、兄弟（同産即兄弟），此即秦代夷三族之法；如淳解夷三族爲父族、母族、妻族，顔師古竟承認其説以駁張晏，可謂謬誤之極（參下56），正不知貽累後世專制君主草菅多少人命也。　尚書古文疏證四云：「予尤怪如淳註三族云父族母族妻族也，夫孝文詔明指父母妻子及同産爲三族，今復妄增母、妻二異姓，嗚呼！爲斯言者簡牘之上，聞鬼哭聲矣。」

8 **諸男子有守於城上者，什六弩、四兵。　丁女子、老少，人一矛。**

此言兵器之分配。

守城上之男子，每十人中六人持弩，四人持其他軍器。

丁女子即成丁之女子，見子篇67，與老、少均人各給一矛，可知矛在古代不入重軍器。

9 **卒有驚事，中軍疾擊鼓者三，城上道路、里中巷街皆無得行，行者斬。　女子到大軍，令行者男子行左，女子行右，無並行。**

此言猝有警急時，城上城下路上禁止行人及男女分途之法。「卒」即猝，驚讀如警。

「女子到大軍」指婦女應召赴動員時而言。

10·皆就其守，不從令者斬。離守者三日而一徇，而所以備姦也。

此言有職守者應各守崗位，否則處刑。

孫以此節連上節立解，謂不從令者卽不從男行左女行右之令；余按行路偶誤而處斬，所罰未免太重，此當就違令不赴派定崗位者言之。孫又疑「而一」二字衍文，謂離守之罪重於不從令，其罪不惟處斬，且陳尸（徇）三日云云；但「離守」只偶由守地離開，尚能遵令出守，似比違令不就職守者情節較輕，亦何至比它處罰更重（斬首後仍陳尸三日）。吳則謂「離」讀爲羅，今字作邏，言巡邏守者三日一徇行云云；但下11節固明言「長夜五循行，短夜三循行」，三日乃巡邏一次，殊覺太少。考徇之輕者，近世謂之「遊刑」，此擅離職守者三日將其遊行一次（「而一」非衍文）所以示警也。「而所以」卽「乃所以」，「而」字非衍文。

11 里正（原作「舌」）與父老皆守宿里門，吏行其部，至里門，正與開門內吏，與行父老之守及窮巷閒無人之處。姦民之所謀爲外心，罪車裂，正與父老及吏主部者不得，皆斬；得之，除，又賞之黃金人二鎰。大將使信人行守，長夜五循行，短夜三循行。四面之吏亦皆自行其守，如大將之行，不從令者斬。

此言巡查之法及通敵之罪。

城內每里有一里正，（正，長也。）同屬於部長（共四人）。每部長之下，里正無定數，（孫云「里正卽上文里長，每里四人」，是誤解。）里正遇部吏巡查時，爲（與）開門延吏入（「內」讀如納），相偕查察各父老所守崗位及僻巷中（古閒、間字通。）無人之處。

「外心」，向敵之心。車裂亦曰車轘，上古酷刑之一。平民謀通敵者，里正與父老、部吏如不能預先發覺，亦依連坐法處斬，能先行發覺者免罪（除，免罪也），且人賞黃金一鎰。鎰重二十四兩。古之黃金是銅，非後世所謂「黃金」，參下25及53。

大將自己派親信人四處巡查，部吏同時亦各查其所管地面，夜長時每晚巡（循、巡同音。）五次，夜短時三次。

12 諸竈必爲屏，火突高出屋四尺。慎無敢失火，失火者斬其端；失火以爲亂事者車裂，伍人不得，斬；得之，除。救火者無敢讙譁，及離守絕巷救火者斬。其正及父老有守此巷中部吏，皆得救之，部吏亟令人謁之大將，大將使信人將左右救之，部吏失不言者斬。諸女子有死罪及坐失火皆無有所失，逮其以火爲亂事者如法。

此言備火之禁。

火突，烟囱也，今人亦或稱烟突，竈有屏及烟突高則失火較難。

畢讀「失火者斬」句，孫及景羲以爲失火者不能一律予斬，但斬其始失事（端）之人（即今言「火首」），是也。若其故意放火以謀亂，則處車裂之刑，同伍不舉發者亦斬，可見同是失火，仍分等定罪。

讙與喧通，「及」上應重「讙譁」二字。「離守絕巷救火」，吴解絶爲「過」，云「離所守之地域，越絶他巷以救火」；余按離守固屬犯令，但越救他巷之火，如果有功，似可將功抵罪，吳說確否，尚待研究。余初擬絶爲「隔絶」之義，但與離守又不銜接。

其正及父老一句，孫云：「(部吏)或有適居是巷者亦得救之。」吳云：「此巷失火，里正及父老與乎有守此巷中部吏，皆得救之。」謁，告也。

失火之罪，各有等差，已見前解，「坐失火皆無有所失」，卽自己失火而並未延害他人，最輕之罪也，失火而延燒他人者次之，放火謀亂者最重。逮，至也，(孫、吳皆云「逮，追捕之也」，恐非是。)謂女子所犯自最輕以至最重之罪，亦各依法辦理之。

13 **圍城之重禁，敵人卒而至，嚴令吏民無敢讙囂、三冣、並行、相視坐泣、流涕若視、舉手相探、相指、相呼、相麾、相踵、相投、相擊、相靡(以身及衣)、訟駁言語、及非令也而視敵動移者，斬；伍人不得，斬；得之，除。伍人踰城歸敵，伍人不得，斬；與伯歸敵，隊吏斬；與吏歸敵，隊將斬。歸敵者父母、妻子、同產皆車裂，先覺之，除。當術需敵，離地，斬；伍人不得，斬；得之，除。**

此言圍城之重禁，孫誤以首句屬上節，今從吳說改正。

卒卽猝。讙囂猶讙譁。三冣，三人相聚，冣與聚通。並行，兩人並行。若視，相視也。探，以手勢探問，孫解爲「遠取之」，非本文之義。踵，以足相躡。相靡，相摩切也，「以身及衣」句乃相靡之注。訟駁言語，相駁難也。又如未奉令而窺探敵之動靜，與上開各項，均處以斬刑。

踰城歸敵，除父母、妻子、兄弟三族外，同伍及其最直屬之長官，亦須連坐，故百長（卽伯）歸敵，斬其隊吏，隊吏歸敵，斬其隊將，惟能先事覺察者免。

當術卽身當戰綫。需讀如懦，畏也。離地，離開崗位。

14 其疾鬬却敵於術，敵下終不能復上，疾鬬者隊二人，賜上奉。而勝圍，城周里以上，封城將三十里地爲關內侯，輔將如今賜上卿，丞及吏比於丞者賜爵五大夫，官吏、豪傑與計堅守者十人，及城上吏比五官者皆賜公乘，男子有守者爵，人二級，女子賜錢五千，男女、老小无分守者，人賜錢千，復之三歲，（無有所與，不租稅。）此所以勸吏民堅守勝圍也。

此言却敵解圍後獎功之大要。

在戰綫奮鬬却敵，使敵人落下後再不能爬城者，每隊擇尤二人，給以上俸（卽奉）。

而，如也，見下74。「勝圍」猶今言「解圍」。關內侯、上卿、丞、五大夫、公乘等均官爵之號。輔將卽城將之次者。吏比於丞，言吏之階級相當於丞者。官吏句于改爲「官吏豪傑與計堅諸守士人」，按「與計堅」語殊難通，且既言豪傑則無所不包，何須專提士人？賞功不能毫無限制，前言奮鬬者每隊擇尤二人，與此處同策守城者擇尤十人，爲例相同。

「如今」，蘇改「如令」，非也，「如今」有「則」（then）之義，見上4節。城將封關內侯，輔將「則」賜上卿，文義正合。孫謂守城之事，皆城將及守令主之，故「如令」卽「若令」，但考本篇言守城之長官俱曰「守」（太守），知孫解不確。

參與守城之男子，人各賜爵，女子無爵，故止賜錢，其餘無（旡即無）分守者亦各免租役（復也，「無有所與，不租稅」兩句卽「復」之注文。）三年；「無有所與」卽無所參與，期內免除一切征役也。

15 吏卒侍大門中者曹無過二人，勇敢爲前行，伍坐，令各知其左右前後；擅離署，戮，門尉晝三閱之，莫，鼓擊門閉一閱，守時令人參之，上逋者名；餔食皆於署，不得外食。守必謹微察視謁者、執盾、中涓及婦人侍前者志意、顏色、使令、言語之請，及上飲食必令人嘗，若非請也，繫而請故。守有所不悅謁者、執盾、中涓及婦人侍前者，守曰斷之、衝之若縛之，不如令及後縛者皆斷。必時素誡之。諸門下朝夕立若坐，各令以年少長相次，旦、夕就位，先右有功、有能，其餘皆以次立；五日，官各上喜戲、居處不莊、好侵侮人者一。

此言審察各門下侍從之事。

曹、造同音，「造」見金文，「曹」乃戰國以後字。蜀志杜瓊曰：「古者名官職不言曹，始自漢以來。」瓊特失考，古非無「曹」，不過字寫不同耳。曹猶今言「處」或「科」。大門之吏卒，勇敢者居前行，依隊伍而坐（或五人一隊而坐），「令各知其左右前後」，謂坐時各按照班次也。「閱」卽今世「點名」，門尉主其事，白日三次，晚上（莫同暮。）擊鼓閉門後點一次，太守更隨時派人參驗之，離署（逋也。）者上其名而罰之，（戮，罰也。）餔食，早晚食也。

謁者、執盾、中涓均侍從名稱，太守要注意此等人之動作，飲食亦令人先試之，防下毒也。前兩「請」字均讀如「情」，請故之「請」則作詰問解，謂情有可疑者執押而詰問之。

衝，拳擊也。太守對侍從某人有所不滿，發出「斷」、「衝」或「縛」的處罰號令，餘人卽應執行，不遵令或執縛遲緩者亦受罰。平時須屢屢(素也，見寅篇12。)告戒之。

右，上也，有功有能者上立及上坐，餘以年齡爲次。

喜戲卽嬉戲，凡有儀節失檢等過失，每五日報告一次，一猶一次，非一人。

16 **諸人士外使者來，必令有以執。將出而還(若行縣)，必使信人先戒舍，室乃出迎，閏守，乃入舍。**

此對出入境諸色人之檢察。

外使入境，須執有符照呈驗。

將官外出(如巡行各縣)回來者，先使人告知其家屬，家屬(室)乃出迎之，又須先告太守，才返私宅。

吳讀將字平聲，解爲「將出而還其所執之信符」，則與下文不相聯。孫以「必令有以執將」爲句，此下至「出迎」，他怎樣讀法，因舊日刻書向不點句，我們無從得知，現時國學基本叢書本之句讀，只商務僱人所爲，非孫本原有，我們不要誤會。大將是次於太守之高級長官，他外出時當有吏卒從行，(參前5、11、12各節)故能派「信人」回報，下級人員外出似不會有，此「將」應讀作「將官」之理由一。古人簡樸，既言「舍」卽不必言「室」，(參本篇2、4、56、62、64、73及戍篇17、27各節)此「舍室」非一詞之理由二。「室」如不作家屬立解，則「乃出迎」者爲誰人？下文55固言「家室」，此「室」不應連上爲句之理由三也。

17 爲人下者常伺上之，隨而行，松上不隨下，（必須隨。）

此言下屬對上司應守之儀節。

「伺上之」，伺上官所往也，「必須隨」乃「隨而行」句之注文。 松即從，松，從粤同音，往來要從上不從下。

18 客卒守主人，（及以爲守衛。）主人亦守客卒，城中戍卒，其邑或以下寇，謹備之，數錄其署，同邑者勿令共所守。

此言對外籍兵（客卒）應特加注意。

外兵替主人守衛，但主人亦須監視外兵，如其本邑已（即「以」）被敵攻陷，則防其逃歸或叛變，故須數數存視（錄，存視也。）其名表（署，書表也。）同邑之人勿令共守一處，免其同謀。 「及以爲守衛」句是「守」字之注文，由其文氣不銜接而知之，可參上16及17。

19 與階門吏爲符，符合入，勞；符不合，收，言守。

此言階門吏之檢驗符信，似應與16節相連。

「城上當階，有司守之」，見末篇6，即階吏也。 符合而許入，則慰勞之，（與前16出行縣顯有相關。）不合則收其人，以告太守。

此下舊有「若上城者衣服他不如令者」十一字，今移下42。

20 宿鼓在守大門中。 莫，令騎若使者操節閉城者皆以執毚。 昏鼓，鼓十，諸門亭皆閉之，行者斷，必繫問行故，乃行其罪。晨見，掌大鼓縱行者，諸城門吏各入請籥開門已，輒復上籥。有符節不用此令。

此言宿鼓及昏鼓之法。

宿鼓，宿衞戒夜之鼓，故置在太守大門之內。

莫同暮。執毚，余疑是職守名稱，待考。

墨子書之「斷」字，孫大率釋爲「斬」，但如本節「行者斷」下，繼言「繫問行故，乃行其罪」，可見尙須經過審訊，然後定罪，「斷」不定是「斬」，卽此可知。（運注以爲斬左趾。）「繫問行故」者執而審問其夜行之緣故。

縱行卽放行。城門鑰（籥）存在官署，淸代之制尙如是。

不用此令謂持節者在例外。

21 寇至，樓鼓五，有周鼓，雜小鼓乃應之，小鼓五後從軍，斷。

此言寇至擊鼓之法。

中篇4節鼓、幟並用，此只五鼓而不幟，猶未攻城也。「有周鼓」者有讀如「又」，言四周又擊鼓以警衆。雜小鼓當卽中篇7所舉之應鼓。從軍謂動員之集合，小鼓五之後才集合則有罪，可見古人動員，早以神速爲貴。

22 命必足畏，賞必足利，令必行，令出輒人隨，省其可行、不行。

此泛言號令既出，須遣人察視其可行或不行，使能有所督促及改正也，由此見古人之愼重將事。

23 **號，夕有號；失號，斷。**

此言晚上之口號，亦見寅篇12。

24 **爲守備程而署之曰某程，置署術街、衢階若門，令往來者皆視而放。**

此言公佈守備章程，略如今之戒嚴章程也。

署之，標題之也。置署，公佈也。術街、衢階及門皆民衆及守城者往來所常經，猶今之公告須張貼於通衢也。放，依倣也，使往來者得讀之而依照辦理，吳解爲「皆須驗視而後放行」，則與上文不相接，因上文未説符照，試問驗視何物？

25 **諸吏卒民有謀殺傷其將長者，與謀反同罪，有能捕告，賜黃金二十斤，謹罪。非其分職而擅取之，若非其所當治而擅治爲之，斷。諸吏卒民非其部界而擅入他部界，輒收以屬都司空若候，候以聞守，不收而擅縱之，斷。能捕得謀反、賣城、踰城歸敵者一人，以令爲除死罪二人，城旦四人。反城棄父母去者，去者之父母、妻子……。**

此言謀反、殺傷長官及擅取人物等之各別治罪。

黃金，銅也，見前11節。此由平民捕告，故賞較重。「謹罪」舊無解，由下文觀之，當是免罪之意，或借作「廑」，無幾也。

若，或也，治爲，治也。擅取則非秋毫無犯，擅治則是濫用職權，故皆科罪。

收，拘也，「都司空」及「候」皆官名（與下文64及66之候有別）。不收而擅縱，則爲知情故縱，故科以罪。

以令，用明令也。城旦　古時刑罰之名，除死罪二人及城旦四人，與後世免死鐵券同，得此者可抵銷死罪兩次，城旦刑四次。

反城猶今言「翻城」，末句下有脱漏，疑應爲「同産皆斷」（參下53及上7），吳謂下文55「人舉而藉之」五字當在此處，非是。

26 悉舉民室材木、瓦若藺石數，署長短、小大。當舉不舉，吏有罪。

此言調查民間材木、瓦石之數，參子篇66。舉，查報也。藺石卽子篇79之礨石。署，登記也。

27 諸卒民居城上者各葆其左右，左右有罪而不智也，其次伍有罪。若能身捕罪人若告之吏，皆構之。若非伍而先知他伍之罪，皆倍其構賞。

此言城上卒聯保（葆同保）之法。

智卽知字，不知聯保者之有罪，則同保之人皆有罪。

若能，如果能也；若告之，或告之也，兩「若」字不同解。「構」卽賞，能知他保之犯罪者賞倍之。

28 城下里中家人各葆其左右、前後，如城上。

此言城下平民之聯保（猶後世之保甲法），與城上卒一樣。

29 城小人衆，葆離鄉老弱國中及他大城。

此言疏散老弱。

「葆」謂保全，與上節之「葆」不同解。「離」謂邊境，非離别之離，説文：「鄉，國離邑。」即近邊之邑，段玉裁注「一國之中離析爲若干邑」，純是望文之説。令老弱移保於國中及他大城，漢書王莽傳曰「收合離鄉小國無城郭者，徙其老弱，置大城中」，即此意也。

30 **寇至，度必攻，主人先削城編，唯勿燒。**

此言清野之法。

度，揣度也。編户見史記。謂先除去附城室廬，但勿燒之，吴謂先須燒却者誤。

31 **寇在城下時，换吏卒署而毋换其養，養毋得上城。**

此言寇迫城時更换城上吏卒之法。

署，位也。言敵在城下，須更换城上吏卒所守之位置，唯炊事兵(養見2節)不必更换，但禁勿使上城耳；蓋防守者與敵人有豫約之故。

32 **寇在城下，收諸盆、甕、鉼積之，城下百步一積，積五百。**

此言城下積盆、甕等之法，參子篇27百步一井。

「鉼」原作「耕」，據運本改。積五百謂五百個爲一堆。

33 **城門内不得有室，爲周宫，垣丈四尺，爲倪；行棧内閈，二關一堞。**

此節言周宫之制。古者貴賤所居，皆得稱宫，後世始專爲至尊之住地。

有分隔者爲室，一望全見者爲周宮（參下64）。子篇47亭垣亦高丈四尺。倪即俾倪（見子篇34），但此乃周宮之牆之俾倪，非城上女牆之俾倪。

行棧雖見上2節及子篇49，但未詳其制。|孫雖謂「閈」即閉字（余按閈自有閉之義），|吳亦改「堞」爲鍱，但末兩句之全義如何，與周宮有無關係，仍未獲說明。余按「行」者不固定之謂，棧，編木也，閈，閉也，簡言之，周宮用編木在門內爲壓，使外邊不易攻進，門闕復有兩重，其一重更用鐵包之（參子編10），所謂二闕一鍱也。

因此，我又推想到古代凡編木爲用具，都可謂之「棧」，名稱雖同，但形狀及用途并不定一樣；例如2節的內行棧，可以放器備於其上，就與本節之行棧有異，讀古書最要帶幾分客觀眼光，善爲變通，此即其較著之一例。

34 **除城場外，去池百步，牆垣、樹木小大俱壞伐除去之。寇所從來，若昵道、近傒若城場，皆爲扈樓，立竹箭水中。**

此亦清野之法，可與前30參看。

除，清除也，場，廣場也。去城池六十丈之處，凡牆垣、樹木，無拘大小，皆毀壞、砍伐，免被敵人利用作掩護。若，如也，昵道、近傒，捷徑也。凡當捷徑、廣場，皆立候樓以覘敵，水中又插竹箭即竹籤以阻其偷渡。子篇20有坐候樓，亦備覘視之用，「候」「扈」音甚相近，|畢釋爲廣大之樓，非是。

35 **守堂下爲大樓，高臨城，堂下周散道；中應客，客待見。時召三老在葆宮中者與計事得**

失，行德，計謀合，乃入葆。守無行城，無離舍。諸守者審知卑城、淺池而錯守焉。晨暮，卒鼓以爲度。用人少易。

此言太守議事的地方及其他雜事。

周散道，四周皆有通道也，參下73。中應客謂於大樓中接待賓客（此「客」字非指敵人），賓客則待召而後見。

葆宮見下59，亦即前4節富人、重室的親屬所住之舍。三老猶今之鄉父老，如其德行可取，計謀可用，乃聽遷入城內；古文凡兩字平舉者任一字可以先行，例如本書言「小大」、「薄厚」，今人則常言「大小」、「厚薄」，是也，故「德行」（品行）可作「行德」（緜眇閣本及陳仁錫本墨子均作「德行」），孫解爲「所行既得」，語殊難通。

入葆下，舊本有「葆入」兩字，乃衍文。「守」謂太守，言太守不宜出行城上或離開官署，深居簡出固不合現代作風，但亦古人避免意外之一法，孫謂「自外入葆者不得行城離舍」非是。

錯守，置守也，讀如「措」。晨暮卒鼓句可參前15、20兩節。

孫、吳均以「用人少易守」爲句，且以爲有誤，非也，參下節。少易猶言不宜多更動。

36 守：城外令任，城內守任。令、丞、尉亡，得入當，滿十人以上，令、丞、尉奪爵各二級，百人以上，令、丞、尉免，以卒戍。諸取當者必取寇虜乃聽之。

此言上官失察逃亡及其抵罪之法。亡，猶今言逃兵。

孫、吳均以「守」字屬上節，若然，則本節所述任何事，上無所承。余謂「守」，守城也，「守任」，太守任也，兩字不同解。城外之守備，由令擔任，城內之守事，由太守擔任，（太守爲一城之最高長官。）依本書通例，以「守」字爲標題，則文義甚明。

入當之「當」，同乎「殺傷相當」之「當」，令、丞、尉手下有逃亡者，如亡去五人而俘虜得五人，則功罪可以抵銷。逃亡滿十人以上，各降爵二級，（古時爵有等級。）過百人以上，免職、充戍。但抵當者須是俘虜，不准以自己人抵算，故曰「必取寇虜乃聽之」，尉繚子束伍令云：「亡伍而得伍，當之，得伍而不亡，有賞，亡伍不得伍，身死、家殘。」其說可參看。

37 **募民欲財帛、粟米以貿易凡器者，以平賈予。**

此言官民間物物交換之定價，賈同價。

募，招募；凡器，各種之器。孫疑「以」字當在「欲」字下，謂人民如願以財物、粟米換取各種器物者，須依照平價計值，無使官民任一有損。按不乙亦通。

38 **邑人知識、昆弟有罪，雖不在縣中而欲爲贖，若以粟米、錢金、布帛、他財物免出者，令許之。**

此言納財替他人贖罪之法。

知識者相識之人。令許之，猶言法令所許。

39 **傳言者十步一人，稽留言及乏傳者斷，諸可以便事者亟以疏傳言守。吏卒民欲言事者，**

亟爲傳言請之、吏稽留不言請者，斷。

此言通達下情之法。

古無電話，故需用傳言之人以求速達。稽留，遲滯也；乏傳，不代傳也，皆有罪。吳謂「及乏傳」，曰本寶曆本作「反之傳」，亦可通，非也；「及」改爲「反」，則文無連詞。疏，條錄也，凡有可以便利之事，急條上於太守。有欲進言者亦急爲代達，阻延不代報者有罪，此皆欲使下情不至壅於上聞也。「不言請」與「傳言請」（「請」卽「情」字。）相對爲文，吳謂舊本作「不言諸」可通，則未顧及文字之比勘。國學基本叢書本讀作「亟爲傳言請之吏」，非也，傳言當以達於太守爲主，非以吏爲主，而且「傳言情」是意義已完的述詞及賓詞，猶之說「亟爲傳言」，不能再拖上一個「吏」字也。

40 **縣各上其縣中豪傑若謀士、居大夫重厚，口數多少。**

此言各縣報告其轄境人民的情況。

畢、孫以居大夫爲大夫家居者，俞謂「若（或也）大夫」之誤。上，上其名冊。畢云「重厚言富厚」，非也，重厚亦見下59，應與此同，卽人品忠厚，泛言之則人品如何。末四字可承前豪傑、謀士及大夫而言，亦可就一般人民言。

41 **官府城下吏、卒、民，皆前後、左右、相傳保火；火發自燔，燔曼延燔人，斷。**

此再言失火之罰，參前12。

保，相連保也，參前27。失火止自燒或延燒他家，皆有罪。

42 **諸以衆彊淩弱少及彊姧人婦女，以讙譁者，若上城者，衣服他不如令者，皆斷。**

此標舉各項違法應罰之事。

彊同强，姧同姦，以衆淩少，以强淩弱，或强姦婦女及（以，與也。）喧譁者，或擅上城及衣服不合式者皆有罪。吳汝綸謂强姦人婦女爲後世律文，可證明此非古書，似乎所見未廣，未開化之游牧部落對於姦人婦女，也常有相當處罰的。中間「若上城者衣服他不如令者」十一字，舊本在19節後，吳疑應移在下文55「倚戟縣下城」之後，但數項罪名列舉時，在墨子文例，應用「皆斷」兩字總承之，今「倚戟縣下城」之下止言「斷」而不言「皆斷」，如將上兩句移入，義例不符。惟本節所言均是雜項罪名，性質正可相當，且著「皆斷」兩字，故暫定爲此處之錯文。

43 **諸城門若亭謹候視往來行者符；符傳疑若無符，皆詣縣廷言，請問其所使，其有符傳者善舍官府。其有知識、兄弟欲見之，爲召，勿令入里巷中，三老、守閭令厲繕夫爲荅；若他以事者、微者不得入里中，三老不得入家人。**

此又言檢視通過證及往來閒雜人等，參上19。

候，望或看視也，今粤俗尚呼曰「候」（陰平聲）。周禮司關有節傳，鄭玄註云「傳，如今移過所文書」，即護照或通行證，故符傳可疑或無符者皆告於縣（參前19），請問其往來之原因，請，求也。吳以「皆詣縣廷言情」爲句，非是，「問其所使」方謂之「情」。有符傳者官府妥爲招待。

知識，友人也，見上38。上項往來之人，如欲見其朋友、兄弟，則代召出使見之，不令入私宅。三老見上35，守閭疑亦與三老同等有職守之人（參下46）。「令厲繕夫爲荅」，孫改作「令繕厲矢爲荅」，但從後文觀之，此句顯然上下互有聯系，幷非錯簡，何以忽然說及厲矢、渠荅？吳改「厲」爲「屬」，比孫解似較進步，然所云「屬謂三老所屬之人民也，夫、荅皆守具，故三老令其屬修繕治爲之」，仍是不得要領；守具應治者甚多，何以專提渠夫及荅？又何以專責成三老？余按繕、膳音同，疑古時管理炊事之人，均可混稱膳夫，不定是王官，三老、守閭各有職守，不宜召出（參下44），故欲見之者可由三老等屬託膳夫代荅（對荅之荅），如此解釋，便與上下文連爲一串，幷參下45。

有人以找膳夫代荅爲疑，則須知膳夫是他們家中的守者（見下45節）。其次又要明白氏族社會的習俗；據周金銘的大殷，大曾替周王傳達命令，大克鼎說：「王呼尹氏冊命善夫克，王若曰：克，昔余旣命女出內（納）朕命。」又小克鼎說：「王命善夫克舍命于成周，遹正八師。」是膳夫（卽善夫）出納王命，乃西周常事，郭沫若氏疑膳夫職有上下之別（金文叢考七五頁），則猶帶着後世的眼光來觀察上古的政制。此外如北魏鮮卑族稱「貴人作食人爲附眞」（南齊書五七）。又元史九九兵志，番直宿衞者謂之怯薛，非甚親信不得預，其中親烹飪以奉上飲食者曰博爾赤（卽廚夫）；蒙古時代下聖旨必經過他們署名。白鳥庫吉謂拓跋之附眞，與蒙古之博爾赤爲同語（東胡民族考一八九頁）。可見膳夫實氏族社會之要官，墨子含有濃厚的秦族氣味，見本書再序，秦族確未脫氏族社會的習慣（見拙著西周社會制度問題一一九頁），試觀前15節太守飲食必令人嘗，膳夫職務之重要，不言而喻。膳夫旣屬比較密切的一員，命爲代荅，直是情理中之事。若他以事者，蘇改「若以他事徵者，」語意亦難通，此謂或其他有事之人及職位卑微之人，皆不得進入里中也。　家人卽人家，漢書郊祀志顏師古注：「家人，謂庶人之家也。」

44 **傳令里中者以羽，羽在三老所，家人各令其家中，失令若稽留令者，斷。**

此言里中傳令之法。

羽，鳥毛也，舊日軍書稱「羽書」、「羽檄」，均取鳥飛急捷之意。　給庶人的命令送至庶人家中，（家人卽庶人，見上節。）遺失令或延緩者有罪。　傳令之羽存在三老所，故三老不宜外出，可與上節參看。

45 **家有守者治食。**

此句與上下不相連屬，細思之，實卽前43「膳夫」兩字之注，凡管理炊事之人可稱膳夫，得此益足證實。

46 **吏、卒、民無符節而擅入里巷，官府吏、三老、守閭者失苛止，皆斷。**

此節如非前43「若他以事者徵者不得入里中」之注，亦是補充前文所未盡。

苛，詰問也，見前7。

47 **諸盜守器械、財物及相盜者，直一錢以上，皆斷。**

此言盜用公私財物之罰。

守卽守城所需，公物也；相盜，私物也；一錢以上，極言其小，亦要嚴治。

48 **吏、卒、民各自大書於傑，著之其署隔，守案其署，擅入者斷。**

此言各處辦事地方，他署人不得混入，亦防洩漏消息之一種辦法。傑或桀，與楬通，亦作揭，如後世言「揭帖」是也。各署辦公人員均將姓名大書，揭帖於署隔，（卽粵俗所謂「隔頭」，見寅篇11。）太守巡視時（案卽按，巡視也，故後世有巡按之稱。）如發覺有擅入他署者科罪。

49 **城上日一發席蓐，令相錯發。**

此言發席蓐之法。蓐，薦也，茵也，「日一發」者是每日收回換發，志在稽查挾藏，防備姦宄，并非每日換發新物。孫據下64，疑「日」上漏「三」字，但此言城上，彼言葆宮，情勢不同，未可比附。錯讀如參錯之「錯」，使可以彼此交換，互相稽察。

50 **有匿不言人所挾藏在禁中者，斷。**

此言情知他人挾藏而不告發之有罪。在禁中，謂此等物件在禁令不得私挾也，不告發他人，尚且有罪，則自己挾藏之有罪，不問可知。

51 **吏、卒、民死者輒召其人與次司空葬之，勿令得坐泣。傷甚者令歸治病家，善養，予醫給藥，賜酒日二升，肉二斤，令吏數行閭，視病有瘳，輒造事上。詐爲自賊傷以辟事者族之。事已，守使吏身行死傷家，臨戶而悲哀之。**

此言圍城時對參戰死傷者之優予撫卹及傷者復役等事。

「其人」即「其家人」，次司空，官名。坐泣易於搖亂人心，故止之。

「歸治病家」猶今云「歸家治病」，古文文法如此。

行閭或作行問，均謂頻頻使人赴傷者之家慰問也。瘳，病愈也，「輒造事上」，孫謂赴太守所供役，猶今之傷兵歸隊。

辟同避，賊，殺也；族，三族之罪（參前7）。詐自損傷以求避役者罪連三族。

事已，似指當日喪葬辦畢而言（參下節），臨戶悲哀，赴其家弔問也。

52 **寇去，事已，塞禱，守以令益邑中豪傑力鬬諸有功者，必身行死傷者家以弔哀之，身見死事之後。城圍罷，主亟發使者往勞，舉有功及死傷者數使爵祿，守身尊寵，明白貴之，令其怨結於敵。**

此言城解圍後對有功及死傷者之優予撫卹；後段即前段之注或別家之文。

「冬塞禱祠」見史記封禪書，塞即今「賽」字，敵退後賽廟報神福也。益，賞也（依李說）。上節未解圍時，使吏慰問死傷者之家，本節解圍後，太守且親身前去見遺屬，重其事也。後段之「主」，亦指太守。「數使」下疑漏一字，或「使」爲「授」訛，亦前段加賞之意。怨結即結怨。「守身尊寵，明白貴之」，謂太守要親身作明白的表示，對有功及遺屬等極力尊寵之，貴重之，如是，則人人愈知奮激，愈怨敵人的無道，所謂衆志成城也。

53 **城上卒若吏各葆其左右。若欲以城爲外謀者，父母、妻子、同產皆斷；左右知，不捕告，**

皆與同罪；有能捕告之者封之以千家之邑，若非其左右及他伍捕告者，封之二千家之邑。

此言城上吏卒互保及知情者分别賞罰之法，可參前27及11。

54 城下里中家人皆相葆，若城上之數。

此實前28節之複出，舊本插在前節「皆與同罪」句下，今移正。

「之數」指人數言，前節左右相保，是三人聯保也，吳謂「之數」是規條之數，非是。

55 城禁：吏、卒、民不欲寇徽職和旌者，斷。不從令者，斷。非擅出令者，斷。失令者，斷。倚戟縣下城，上下不與衆等者，斷。無應而妄讙呼者，斷。總失者，斷。譽客內毁者，斷。離署而聚語者，斷。聞城鼓聲而伍後上署者，斷。人自大書版，著之其署隔，守必自課其先後，非其署而妄入之者，斷。離署左右，共入他署，左右不捕，挾私書，行請謁及爲行書者，釋守事而治私家事，卒民相盜家室、嬰兒，皆斷，無赦；人舉而藉之。無符節而横行軍中者，斷。客在城下，因數易其署而無易其養。譽敵：少以爲衆，亂以爲治，敵攻拙以爲巧者，斷。客、主人無得相與言及相藉，客射以書，無得舉，外示內以善，無得應，不從令者皆斷。禁無得舉矢書若以書射寇，犯令者父母、妻子皆斷，身梟城上，有能捕告之者，賞之黄金二十斤。非時而行者，唯守及摻太守之節而使者。

此節總言各種城禁，「城禁」兩字是標題。

首句孫改「不」爲「下」，以「吏卒民下」爲句，又改「欲」爲「效」；余謂「不」是衍文，言效爲敵人之徽識（職、識通。）和旌（軍門之旗。）者科罪。

「非擅」之「非」字衍文。運本乙爲「非令擅出」，於文雖通，但此三句均就「令」立法，如依運之鉤乙，則爲對「出」立法，與前後文不符。

倚戟句謂下城不經階陛，倚戟懸身而下，或上城、下城時不與衆同也。（等，同也。）

譁同喧。　總當作縱，謂縱走罪人及遺失公物。

譽客內毀，猶言稱贊敵人，非毀自己，下文「譽敵，少以爲衆，亂以爲治，敵攻拙以爲巧」，皆其一例。

聚語與前13之三聚同。

聞城鼓聲一句，卽前21「小鼓五後從軍斷」之複出。

人自大書版四句，係前48之複出，「守必自課其先後」與彼節「守案其署」相當，謂太守親自閱定其到署辦公之先後，卽今之「批閱簽到簿」，據余所見，辛亥革命初期之官廳，尙能如此執行，後來反動派執政，則到公早晚，任意逾時，無復有規律矣。吳解作「凡有分守者必自察其先後」，純因未比照前文而誤。

爲行書卽替人請託。（爲讀去聲。）釋守事卽舍守城之事。「卒民相盜家室、嬰兒」謂偷取他人妻、子。藉與籍通，法律曰「籍沒」（似非登記其姓名之謂），疑專就末一項盜妻子之罪言之，吳誤讀「卒民相盜」爲句，又「家室妻兒皆斷無赦」爲句，因疑「人舉而藉之」五字不應在此處，則須知不捕闌入他署人員，情節頗輕，未應罪及嬰兒，(前25言擅入他部界而不收者斷，可證。)故「卒民相盜家室嬰兒」應八字作一句讀。

客在城下二句，係前31之複出。

相藉之藉讀如「借」，(與前讀如「籍」者異。)不得以物借敵也。舉猶拾閱，敵以矢射書來，(猶今飛機散傳單。)不得拾閱也。外示內以善，謂敵人用善意誘我也。

矢書即開禧德安守城錄所謂「射入飛書」，拾閱敵人箭書固不可，擅以書射給敵人者亦不可，梟，梟首示衆也。黃金二十斤參前25。

末句守即太守，摻係「操」字之異寫，言唯太守及操太守所給符節者始能於禁行時通過。

56 守入臨城，必謹問父老、吏大夫、諸有怨仇讎不相解者，召其人明白爲之解之，守必自異其人而藉之，孤之，有以私怨害城若吏事者，父母、妻子皆斷。其以城爲外謀者，三族；有能得若捕告者，以其所守邑小大封之，守還授其印，尊寵官之，令吏大夫及卒民皆明知之。豪傑之外多交諸侯者常請之，令上通知之，善屬之，所居之吏上數選具之，令無得擅出入，連質之。術鄉長者、父老、豪傑之親戚、父母、妻子，必尊寵之，若貧人不能自給食者，上食之。及勇士父母、親戚、妻子，皆時酒肉，必敬之，舍之必近太守。

此言太守要和解地方士大夫及敬禮地方賢才等事。

臨城見前35，入臨城猶言擔任守城之事。地方人士有互結不解之怨讎者，應該召見雙方，爲之明白和解，且必須登記其姓名（蘇云，藉謂記其姓名），又不令同居一處，（參下64，「孤」有隔離之義。）以免易生齟齬。蓋唯民和而後可以言守，故任地方官者首須注意此點，否則不滿意之一方就會挾恨投敵，其爲患不堪設想。

「以城爲外謀者三族」句，卽前53「若欲以城爲外謀者父母妻子同產皆斷」之複出，余前文謂三族是父母、妻子及兄弟（見前7），得此益足證實。「以其所守邑小大」猶言邑之大小，等於犯罪者所在之邑。

「還」卽今北方俗語之「還要」。

「外多交諸侯」猶言在外面結識許多諸侯。請，謁見也。上卽上官。屬，存恤也。「所居之吏上」，猶言所在地之長官。「選」讀如饌，饌具，供其食也。連質謂取其親屬爲押質，防豪傑有變心也。

「術」「遂」古通用，屢見前文，周禮地官遂與鄉並舉，術鄉猶今言「鄉鎮」。吳以「連質之術」四字爲標題，然「給食」、「時酒肉」等完全與連質無關，故應依蘇、孫以「連質之」屬上爲句。

時酒肉，時時賜以酒肉也。舍之一句，謂彼等居舍，必須近太守之署。

57 **守樓臨質宮而善周，必密塗樓，令下無見上，上見下，下無知上有人、無人。**

此言太守署之宜善爲防範。

守有大樓，質宮卽葆宮，均見前35，善周則彼文所謂「堂下周散道」也。彼言「高臨城」，此言「臨質宮」，合讀而得其全義，建築之要點，是上面可以見下面而下面不能見上面，且不知上面有人與無人。

58 **守之所親：舉吏貞廉、忠信、無害、可任事者，其飲食酒肉勿禁，錢金、布帛、財物各自守**

之，愼勿相盜。

此言太守用人標準以公正、廉潔等爲最要。

「守之所親」四字是標題。 舉，用也（孫讀爲「與」誤）。無害見史記蕭相國世家，云「以文無害爲沛主吏掾」，舊日注家解說紛紜，據余所考，以陳留語「無害」如言無比，較得其義，集解引漢書音義則以「無害」爲公平，參下60節及戍篇12、子篇47。 末兩句特注重廉潔。

59 **葆宮之牆必三重，牆之垣，守者皆累瓦釜牆上； 葆衛必取戍卒有重厚者。**

此言葆宮之建築及守衛。 葆宮見前57及35。

今世鄉間防偷盜爬越牆上，常嵌置瓦礫碎片以防阻之，亦有置盆、甕者，卽本文之「累瓦釜牆上」也。

葆衛句，舊本在下文「太守之節」後，茲移正之，疑實是注文，葆衛，葆宮之守衛也。

60 **門有吏，主諸門、里，筦閉必須太守之節； 謹擇吏之忠信者、無害可任事者。**

此言吏司關閉城門、里門之法。

門，城門也，里，里門也，由大及小，蘇謂「門里當作里門」，非是；因標題「門有吏」，顯舉城門以統里門，若改作「里門」，反嫌先後不相照應。 筦同管，見子篇10。 必須太守之節，指城門開閉等言之，參前20、46及55。

「無害可任事」猶言有材能可以任事，五字連解，若依孫釋「無害」爲「公平」，則公平爲一事，可任事爲別一事，而公平之人固未必能任事也。

61令將自衛，築十尺之垣，周還牆，門、閨者非令衛司馬門。

此言城將自衛之法。

舊本作「令將衛自……」，今鈎乙如上，猶言使城將設法自衛；或「令」指縣令，亦通。還、環同音，言四周築起高十尺之牆。門閨者乃「門者、閨者」之省文，即守大門及閨門之人；孫云，古時天子、諸侯之宮門，皆得稱司馬門，余按司馬本掌兵之官，疑凡將官署最內之門皆得稱司馬門，（清代似尚有此稱。）「非」爲「幷」之訛（亦依孫說），守大門者幷令守衞內門也。但此種城將之衞兵，與前59葆宮之衞兵無關，孫謂「吏卒衞葆宮之門閨者幷令衞司馬門」，則斷斷不合。吳云「非猶不可也」，說亦勉强。

62望氣者舍必近太守。巫舍必近公社，必敬神之。巫、祝、史與望氣者必以善言告民，以請上報守，守獨知其請而已。巫與望氣者妄爲不善言驚恐民，斷，弗赦。

此言管理巫、祝、史之方法，大概爲末篇3之複出。對民須用善言，「實情」止可報告太守，若巫、祝、史對民言守城凶多吉少，則直當棄城而去，尚何守之可言。

63度食不足，令民各自占家五種石斗數，爲其期，在薄書，吏與雜訾。期盡匿不占，占不悉，令吏卒微得，皆斷；有能捕告，賜什三。收粟米、布帛、錢金，出內畜產，皆爲平直其賈，與主人券，書之，事已，皆各以其賈倍償之；又用其賈貴賤、多少賜爵，欲爲吏者許之，其不欲爲吏而欲以受賜爵祿，若贖出親戚、所知罪人者，以令許之。其受構賞者令葆宮見，以與其親。欲以復佐上者皆倍其爵賞。某縣某里某子家食口二人，積粟六百石；某里某子家食口十人，積粟百石。出粟米有期日，過期不出者王公有之，有能得若告之，賞之什三。慎無令民知吾粟米多少。

此節詳言徵民家糧食之法。

度，自度也。占，量力認繳也。五種，五穀也。爲其期，爲定繳納之期限也。（文自通，不必如吳之改作「爲期日」。）薄同簿，在薄書謂登記認繳之數。訾，貲音同字通，漢書景帝記「今訾算以上乃得官」，顏師古云「訾讀與貲同」，亦卽後世之「資」，吏與雜資猶言吏償以相當之值，但不限定一物。期盡匿不占，過期猶隱匿不認繳也；占不悉，認繳不如額也；徵得，偵得也，今粵俗語呼如「尾」，犯上兩事而被人偵得（徵）者皆科罪，有能告密，則以沒收物資十分之三充賞。史記平準書云「各以物自占，匿不自占，占不悉，戍邊一歲，沒入緡錢」，是將墨子之法推行於平時矣。

募民財帛、粟米，見前37。出入卽出納。直同值，直其賈（賈同價，見37），猶言公平估定其價格也。「與」同「予」，（37作「以平賈予」，是也。）予主人券者止臨時以物價券給予粟米、布帛等之物主，幷未給實價，故下文有事後倍償之規定。王云「主人券當作主券人，謂與主券之人使書其價也」，吳已駁正之，況假依王解「與」爲「及」，則「誰」及「主券人」，前文幷未提出，於文義亦不合也。戰事既畢，然後按照物價券兩倍給還實物，但如欲將物價折抵而換取官、爵，（此已開漢武帝買武功爵得除爲吏及卜式以輸財拜中郎之先例。）或替親戚、朋友贖罪，均爲法令所許。

構卽賞，見前27。以與其親，猶言令他們入葆宮謁見，表示與之親密，亦前52「守身尊寵明白貴之」之意，「與」字在此處又不能作「予」字解。

欲以復佐上者，言將賠償應得之數，再獻給公家，故爵賞亦比前項大兩倍。

某子猶云某人（參申篇10），「某縣某里某子家食口二人，積粟六百石」，係揭示人民認繳糧石單的塡寫方式；食口二人積粟六百石，如依反比例計算，食口十人應積粟百二十石，此六百石，擧其大數也。

出粟米有期日，猶云認繳者限期送出，過期不送出則沒收所有粟米，係前文「期盡匿不占……皆斷」之補充。王公有之卽沒收爲國王或國公所有之謂。

存米多少，不令民知，蓋恐人民日作估計，影響守志之故。

64 守入城，先以候爲始，得輒宮養之，勿令知吾守衞之備。候者爲異宮，父母、妻子皆同其宮，賜衣食、酒肉，信吏善待之。候來若復，就閒。守宮三雜，外環、隅爲之樓，內環爲樓，樓入葆宮丈五尺爲復道。葆不得有室，三日一發席蓐，略視之，布茅宮中，厚三尺以上。發候必使鄉邑忠信、善重士，有親戚、妻子，厚奉資之。（必重發候，爲養其親若妻子，爲異舍，無與員同所，給食之酒肉。）遣他候，奉資之如前候，反，相參審信，厚賜之；候三發、三信，重賜之，不欲受賜而欲爲吏者許之，（二百石之吏）。守珮授之印；其不欲爲吏而欲受構賞，爵祿皆如前。有能入深至主國者，問之審信，賞之倍他候；其不欲受賞而欲爲吏者許之（三百石之吏）。

此節言優待間諜之法。蘇云「候謂訪知敵情者」，與下66之斥候不同。

異宮卽前56所謂「孤之」。「信吏善待之」，語難通，余按當作「使吏」，候者四句卽詳敍前文「宮養」之法。

候來若復就閒，孫云「閒、隙也」，仍是不可曉。余按「閒」實「問」之訛，（下文「問之審信」，就是解釋此「問」字。）猶謂間諜回來時（復卽下文之「反」），太守親往詢問實情，所以重其事也。

守宮，太守之居。三雜，三匝也，與59之「三重」同解。葆宮亦見35及59。復道卽複道，上下有道也。守樓臨質宮（見57），故守宮內環之樓，與葆宮相通。

室與宮之別，見前33。席蓐見49。本書「尺」、「寸」字常互訛，「三尺」，余疑當作「三寸」，大抵古無牀架，常睡地上，故舖茅（卽草褥）特厚。三日一發似爲時太促，豈因兼作燃燒用之故歟？

發候謂派遣。善重之「善」，余謂應與厚奉之「厚」互易，「重厚」見40及59，本篇又屢言「善屬之」、「善待之」，可證。

必重發候五句，與前意複，當是注文。員，衆也。

「反」卽前文「候來若復」，相參，相比勘也，審謂審察，言將各間諜之報告，細爲參較，如果眞確，則厚賞之。經過三次派遣，其報告均屬眞確，更重賞之，二百石之吏卽「吏」字注文，二百石指一歲的俸給，下文三百石同。珮同佩，守佩授之印，猶前56言「守還授其印」。皆如前，卽照前文辦理。

入深即深入。主國，國都也，見戍篇8，此處是指敵人的。

65 扞士受賞賜者，守必身自致之其親之所，令其見守之任。其欲復以佐上者，其構賞、爵祿、贖出罪人倍之。

此節復言優待立功之戰士，參前52。

扞，扞衞也，扞士即扞衞城池立功之人，所給賞賜，應由太守親自送往其父母之家以表示太守對彼之寵任，即前52所謂「守身尊寵明白貴之」也。「欲復以佐上」即前63之「欲以復佐上」。

66 士候無過十里。居高便所樹表，表，三人守之，比至城者三表，與城上烽燧相望；晝則舉烽，夜則舉火。聞寇所從來，審知寇形必攻，論小城不自守通者，盡葆其老弱、粟米、畜產。遣卒候者無過五十人，客至堞，去之，愼無厭逮。候者曹無過三百人，日暮出之，爲徽職。空隊、要塞之人所往來者，令可以迹者無下里三人，平明而迹；各立其表，城上應之。候出越陳表，遮坐郭門之外內，立其表，令卒之半居門內，令其少多無可知也。即有驚，見寇越陳表，城上以麾指之，遮擊鼓、整旗以戰備，從麾所指。望見寇，舉一垂；入竟，舉二垂；狎郭，舉三垂；入郭，舉四垂；狎城，舉五垂；夜以火，皆如此。

此言派出斥候（警戒綫）及烽火告警等法。

士候即下「卒候」，古今人常「士卒」連言，或稱士，或稱卒，不過別文見義，總言之即警戒兵，與64節之「候」（今名偵探或間諜），職務迥異。吳不能區別，乃云：「上文說候有能入深至主國者，則出候不止十里甚明，士候與卒候有別，猶今軍中分爲官長偵探與士兵偵探也。士候無過十里，卒候則所及里數未定，故有能入深至主國者，卒候無過五十人，士候則得至五十人以上，故下文總其數曰『候者曹無過三百人』。」則未知警戒無取過遠以分弱兵力，間諜則非深入敵之後方，無從調查情實；「不過十里」或「深入主國」，係因「士候」(或卒候)與「候」之任務不同，士候或卒候乃斥候，非偵探也。「候」之立功者可以升二百、三百石之吏，士候、卒候則無有，卽至現代作戰，處罰間諜，亦比俘虜之斥候特苛，從可知矣，餘點於下文再辨之。

居高便所樹表句，舊無解，按謂派出之斥候，須揀擇高地的方便處所來豎表以作標的。必擇高地者，取其易於望見也。每表派候兵三人看守，因警戒最前綫去城不過十里，其中間約豎三表，(卽「比至城者三表。」)則相隔每三里豎一表，看守之候兵計需九人，王謂「三表當爲五表」，大誤；此處三表言沿途豎表數，下文五表言有警舉表數，性質全不相同。

論小城不自守通句，孫云：「言城小不能自守，又不能自通於大城。」如果知城小不能守，又何須取老弱、粟米等入城？(葆同保，見前。)余按論，思理也；守通，守其交通道也。既考慮得對外交通無法維持，所以要將老弱、糧食、畜產等移入城內。前鋒隨敵我進展之形勢而伸縮，敵既至堞，自應將斥候召回。厭逮，吳以爲淹遲、怠緩，猶未徹底，余按古音厭、淹相同，逮、滯亦甚近，淹滯卽淹留也。

遣卒候無過五十人，係就一次派出而言，候者之屬(曹見前15。)無過三百人，係就其總數而言。晚上之斥候，固須更替，平明又有出迹之候，每里最少三人，則十里須三十人，今假設往來交通之道，四方各一條，只出迹之候已要百二十人，三百人之數，卽據此推定。吳乃以五十人以下及五十人以上爲卒候、士候之區別（引見前），誤也。徽職卽徽識，見前55。

空隊卽空隧，亦卽幽徑。行人所常經之幽徑險隘，敵人如潛踪或整隊經過，通路上應留有遺迹，故每日清早（平明）卽派熟於查勘踪迹的候兵（可以迹者），前往查勘，一里內最少須派三人，令可以迹者十四字應作一句讀。假依吳以「空隊要塞之」爲一句，則所謂「人所往來者」是什麼，完全不明，於文義不合。通典一五二云：「土河，於山口賊路橫斷道，鑿闊二丈，深二尺，以細沙散土塡平，每日檢行迹，掃令平淨，人馬入境，卽知足跡多少。」卽此法也。斥候外出，離城數里，故須立表以示其所在之處，（各立其表。）但城上人是否望見，彼不得而知，城上應之卽互相關照之法。

古音陳、田相近（參巳篇25），陳表卽田表（參戌篇9）。遮，戌篇作斥，乃方音之變，斥與候本同義，今以越過田表者爲候，以守坐郭門外內者爲斥，無非別名以定義。斥亦立表，半數在郭門內，使敵人無從知我虛實。

驚讀如警，見前9。越陳表猶言敵人越田表而來。「擊鼓整旗」，舊本作「坐擊正期」，蘇改「坐擊鼓整旗」；余按斥兵坐郭門外內，雖見前文，但寇旣逼城，情勢已異，不必限定「坐而擊鼓」。考鼓旁作「壴」，省寫形近於「坐」，兩字復誤倒，故變「坐擊」。此言城上見寇逼近，卽用旌旗指麾斥兵，於是擊鼓、整旗，豫備作戰，都依城上的指麾而動作。正期與整旗古音、粵音均相同。「戰備」應依戌篇9乙作「備戰」。

「垂」，王改作「表」，俞又改「郵」，均非也。戌篇9言捶表，近年發見之漢簡又有「欋棰昕呼」及「□蓬干棰口毋益」之文，棰從「垂」得聲，與「燧」音甚相近，舉一垂即舉一燧也。前文明說「晝則舉烽，夜則舉火」，蓋熢、燧皆用籠盛柴，但日間舉籠，便可望見，故不用燃着以省柴薪；夜間非火不可見，故曰「夜以火」，此日夜告警法之不同。熢、燧本同一語，義爲守望所，近人或謂烽燧非一物，前者指烽火，後者指守望烽火之亭，則未知此種區別，只後世語言分化之結果也（參戌篇8）。竟即境，又狎與押通，「押」即「壓」之同音異字，後世常言敵師壓境，即此之「狎郭」、「狎城」矣。

67 **去郭百步，牆垣、樹木、小大盡伐除之，外空井盡窒之，無令得汲也，外空室盡發之，木盡伐之。諸可以攻城者盡內城中，令其人各有以記之；事以，各以其記取之。吏爲之券，書其枚數。當遂材木不能盡內，既燒之，無令客得而用之。**

此繼前34節再詳述清野之法。彼云去池百步，此云去郭，文雖異而義同。

發，壞也。內讀如納，未篇8節言「三十里之內，薪、蒸、木皆入內」。納入城中之物，由吏備收券，書明件數，事畢，（「以」同「已」。）各憑券取回。

遂同術，路也。既，盡也。

68 **人自大書版，著之其署中。**

已見前文48及55。

69 **有司出其所治，則從淫之法，其罪聅。務色謾正，淫囂不靜，當路尼衆，舍事後就，踰時不**

寧，其罪聅。讙囂駴衆，其罪殺。非上不諫，次主凶言，其罪殺。無敢有樂器、弊騏軍中，有則其罪聅。非有司之令，無敢有車馳、人趨，有則其罪聅。無敢散牛馬軍中，有則其罪聅。飲食不時，其罪聅。無敢歌哭於軍中，有則其罪聅。令各執罰盡殺；有司見有罪而不誅，同罰，若或逃之，亦殺。凡將率鬭其衆失法，殺。凡有司不使士卒、吏民聞誓令，代之服罪。凡戮人於市，死三日徇。

此言戒嚴時期及軍中之禁令，參前13及55。出其所治猶言揭出應行處罰的規條。

從淫，景義改從刑，語難通，余謂卽「縱淫」，禮記曲禮「樂不可從」，用「從」作「縱」，如前42所云彊姦人婦女，是也。許愼說文「聅，軍法以矢貫耳也」，音恥列反，用粵語調之則音「切」，今粵俗尚呼割耳曰「切耳」，卽古語之遺。左傳記楚有貫耳之刑。

務色，蘇疑作矜色。謾正，欺謾正人。淫囂當謂多言語。尼，阻礙也。舍事猶今言給以工作，後就則延誤事機。寧，舊解休謁，卽今之請假，踰時不寧，似謂不依時上班而又不請假也。

讙囂猶喧譟，駴同駭，驚也。

「非上不諫」，暗中譏評上官而不正式抗議。「次」，孫疑刺，吳讀爲恣傲之恣，余謂恣主得爲「恣出」之訛，卽任意發表不利之言論。

弊騏讀爲蔽棊，「崑蔽象棊」見楚辭招魂，軍中不許奕棋也。

令各執罰盡殺者，各人須實力執行刑罰，應殺者盡殺之。

將率同將帥。 闟其衆失法者，用兵失機，猶言不能使其士卒如法作戰，後漢書東夷傳「不忍闟其人」，與此同義。

誓令卽戒嚴及軍中禁令，如果在上者不宣布使軍民共知，則軍民犯令時，在上者應代其受罪。

古文常用「死」字代「尸」(屍)，死三日徇，謂行刑後陳屍三日。

70 **謁者侍令門外，爲二曹，夾門坐，餔食更，無空。 門下謁者一長，守數令入中，視其亡者，以督門尉與其官長，及亡者入中報。（四人夾令門內坐，二人夾散門外坐，客見，持兵立前。 餔食更，上侍者名。）**

此言謁者(約當今之衞兵)之制，參前15。

兩「令門」之「令」，均指太守言，「守數令」之「令」則爲動詞。 二曹，在此處卽指兩隊。 餔食見前15，言此等人膳食時須派定更代，不令空缺也。

亡者卽15所謂「逋者」。 門尉亦見15。 守數令三句，猶彼文言「守時令人參之，上逋者名」。 復次，「入中」之「中」，卽末篇7「移中」之「中」，文書或報告單也，謂使謁者隨時送上報告單，太守閱其開列逃亡名數，據以責成(督)門尉及官長。 末句「及亡者入中報」卽「守數令入中視其亡者」之注解。

四人以下六句，亦是注文，因上文方說「侍令門外」，此處則分六人爲兩隊，四人坐令門內，二人坐散門外，相去數句，不應意義逈異也。「餔食更，上侍者名。」亦卽「餔食更，無空」之換寫。 惟「客見，持兵立前」，則補充前文所未及。 客，賓客也。

71 **守堂下高樓候者，望見乘車若騎卒道外來者，及城中非常者，輒言之守；守以須城上候城門及邑吏來告其事者以驗之，樓下人受候者言，以報守。**

此言聽取候樓守望者之報告。

守堂下有大樓，見前35。道外來，從外來也。「城上候城門」，猶言城門上之候。須，待也。言既得樓上候兵報告，又待城門候兵及邑吏等報告來，以參驗其虛實也。

72 **中涓二人，夾散門內坐，門常閉，餔食更；中涓一長者。**

此言中涓之制。中涓見前15，或云職主通書謁，則約當今之傳達，故坐於散門之內，比謁者之坐令門內外（見前70），固有分別。依運說，末「者」字爲衍文。

73 **環守宮之術衢，置屯道，各垣其兩旁，高丈，爲埤院，夾挾視葆舍。屯陳、垣外術衢街皆爲樓，高臨里中，樓一鼓，聾竈；卽有物故，鼓，吏至而止，夜以火指；鼓所立、勿雞足置。**

此言太守宮之戒備及各街衢所設望樓。

環繞守宮之術衢，卽前35所云「堂下周散道」。屯道卽下屯陳，有「夾道」之義。埤院同俾倪，凡牆上備窺視處都可名，非必在城上（參前33及子篇34）。夾挾視，當監視之意，「挾」字或後人替「夾」字所作之音。守宮近葆舍（參前64），故從垣上俾倪可以監視也。此下舊本有而札書得等十七字，今移入下節。

聾竈卽礱竈，見子篇83及100。言樓上擊鼓一聲，卽豫備礱竈。

物故，事故也，有事則擊鼓，待邑吏來，鼓乃停止。出事地方，晚上較難蹤跡，故用火指示之。舊本作「夜以火指鼓所」，語難通，余細審之，「鼓所」下之「立勿雞足置」五字，原誤錯於「爲埤院」之後，應行移正，凡置物須重心居中，以鼎足爲穩，雞足置則不穩也。

74 **而札書得，必謹案視、參驗者，卽不法，正詰之。**

此言處理文書之法。

「而」，如也，見上14，謂如接得文書後，須與其他相參勘，如有不合法之處，(卽、倘有也。)則當改正或質問之，孫改「止詰」，非是。

75 **城下五十步一廁，廁與上同圂；諸有罪過而可無斷者，令杍廁罰之。**

此言犯小過者罰令淸廁。

子篇39「五十步一廁，與下同圂」，係說城上，此就城下言，故曰「與上同圂」，圂亦見申篇8。杍同抒，(古字木旁、才旁常可通用。)除也。

（戊）雜守第七十一

禽子問曰：客衆而勇，輕意見威，以駭主人，薪、土俱上，以爲羊坽，積土爲高，以臨吾民，蒙櫓俱前，遂屬之城，兵弩俱上，爲之柰何？

自「薪土俱上」以下，幾與丑篇1全同，惟羊坽彼作羊黔，字均從「今」，古可通用，本或誤爲羊坽。

輕意，猶言輕視、驕滿。

2子墨子曰：子問羊坽之守耶？羊坽者攻之拙者也，足以勞卒，不足以害城；羊坽之攻，遠攻則遠害，近城則近害，害不至城。矢石無休，左右趣射，蘭爲柱後，□望以固，厲吾銳卒，愼無使顧，守者重下，攻者輕去，養勇高奮，民心百倍，多執數賞，卒乃不怠。

此言抵禦羊坽之法；羊坽之義，見丑篇1。

趣，促急也。蘭爲柱後，孫疑蘭卽子篇74之兵弩簡格，但語仍難通；余以爲蘭、藺音形皆相近，卽酉篇26之藺石及子篇79之纍石，大石也。柱卽拄，撑持也，拄後猶今說後盾，謂碎石之後，繼以大石也。

厲卒卽厲兵。無使顧者無使後顧。養勇，養其勇氣。多執數賞，言多執敵人，則頻頻賞之。

3作土不休，遂屬之城，以禦雲梯之法應之。凡待堙、衝、雲梯、臨之法，必廣城以禦之；曰不足，則以木椁之，左百步，右百步。繁下矢、石、沙、灰以雨之，薪火、水湯以濟之，選厲銳卒，慎無使顧，審賞行罰，以靜爲故，從之以急，無使生慮，恚㥷高憤，民心百倍，多執數賞，卒乃不怠。衝、臨、梯皆以衝衝之。

此言敵傅城（遂屬之城。）後抵禦之法。

作土不休，添築基址以便爬城也，余於丑篇1節謂羊坽之義，猶云土基，得此益可證實。

堙、衝、雲梯、臨（卽高臨）四事，均見子篇3。

廣城卽丑篇2之臺城，于謂充塞其城，殊近於紙上談兵，在可曉不可曉之間。「曰不足」猶「如不足」也，吳改「曰」爲「日」，與下文不連接。 楟，王改楟，橦也，但木撞不易及遠，且何以解左右各百步（六十丈）？ 景羲謂楟之形制如「十」字或「井」字，因以遮止梯、衝各器，亦止模糊之說（參下文）。 于云「言充城之物不足，則以木敦迫之，以加厚其防禦」，僅從字面求通，去現實更遠。 余按城郭、棺楟，皆有「包蓋」之義，此處「楟」字義應相近，因恐城牆過薄，不足抵禦衝擊，再加材木以求堅實，故下文接言木楟之廣度，左右各六十丈。

景羲墨商補遺又云：「按楟如字，見前校，不詳何物，守城錄又云：『天橋必鉤城則可度，遂刱木格，博下而銳上，俟天橋對樓臨城，則以木格格於女牆頭籓籬排木之上，陧杌不可登。 又慮萬一度橋乘城，則人將驚潰，今於塡壕所向城面，以木縱橫如棋局，下綴以足，高尺有五寸，號曰地網，以鐵蒺藜連參其上，使不可下。』 其言頗備，或卽雜守篇之遺法。 然則此云木楟者當兼木格、地網二事，故有左右各百步語，天橋對樓亦卽衝、臨、雲梯之類，古今名製或異，始不可曉耳。」 余按本篇所言木楟，是固定的，守城錄之木格，是可移動的，性質殊不類，至地網則拃鄂之屬，亦非抵抗衝擊之器。

吴云：「椁讀爲郭，敵已迫近，時間迫促，則以木爲郭，遏止敵人，蓋恐城偏小不便待（？）禦敵人之堊、衝、梯、臨。晉書宣帝紀，孟達於城外爲木柵以自固，此所謂以木郭之之類。」讀椁如郭，已甚接近，但城外作木柵，止可於敵未到城時行之，今上文已言「遂屬之城」，何暇——而且不能——在城外作柵？凡此皆有同紙上談兵，不可不亟爲辨正，故詳辨之。

繁下矢石二句及審賞行罰四句，均見寅篇6。

選厲鋭卒兩句，又恙恿高憤（卽養勇高奮之異寫。）四句，均見上節。

末句言禦衝、臨、梯之法，亦用衝（器）來衝擂之。

4 **渠長丈五尺，其埋者三尺，夫長丈二尺。（梯渠廣丈六尺，其梯丈二尺，渠之垂者四尺。）渠無傳堞五寸。（梯渠十丈一。）渠、荅大數，里二百五十八。（渠、荅百二十九。）**

此繼子篇11、37及80再言渠、荅，其有括弧隔開之數句，余以爲應是注文，理由如下：

「渠長丈五尺，其埋者三尺，夫長丈二尺」三句，全與37相同，末兩句又與80相同，按渠之主要構成部分爲立杠及臂，幷無廣度，可疑者一。此處所舉「廣丈六尺」，恰與80「渠長丈六尺」之度相符，可疑者二。前文凡說渠之處，均無「梯」之稱謂，止有「夫」或「冠」之稱謂，而此處梯長丈二尺，恰與37及80之夫長相同，可疑者三。前文並未說渠之一部下垂，只午篇10說荅長丈六尺，垂前衡四尺（原訛四寸），而此處所謂「垂者四尺」，恰與相當，亦卽丈六尺減去丈二尺之差，可疑者四。子篇11言二步一渠，二步一荅，兩物本相依爲用，如依吳讀里二百五十八渠句，荅百二十九，則渠與荅之數不相等，且「渠」字在數目下，「荅」字在數目上，文例亦乖，可疑者五。百二十九恰爲二百五十八之半數，似由於計算之訛，可疑者六。總之渠、荅何物，東漢人已不之知，此必注者誤以「渠長丈五尺」連上「衝之」爲句，遂謂渠有廣及有梯，其非墨子本文，顯而易見，況今本墨子常參入注文，前頭已屢屢有之，不獨此處爲然也。子篇37言七尺一渠，依此計之，則每里一千八百尺應置渠荅二百五十七又七分之一，文標舉「大數」（即約數），故進爲二百五十八（此計法參據吳說），注乃折半爲百二十九，當是不明算術者所爲，由是推之，「梯渠十丈一」必是「梯渠七尺一」之誤。

5 **諸外道可要塞以難寇；其甚害者爲築三亭，亭三隅，織女之，令能相救。諸距阜、山林、溝瀆、丘陵、阡陌、郭門若閻術，可要塞及爲徽職，可以迹知往來者少多及所伏藏之處。**

此言應築要塞扼守之所在。

諸外道，外邊交通之路。可要塞，可築要塞也。難，阻也。甚害，甚要害也。築亭，備瞭望也。陳奐云：「織女三星成三角，故築防禦之亭以象織女處隅之形。」孫從其說，云：「此言亭爲三隅，形如織女三星之隅列；……六韜軍用篇云：兩鏃蒺藜，參連織女，是古書多以織女擬三角形之證。」余按「織女」一詞本有「三個星」之意義，其排列如甲△丙乙，今前文已言「亭三隅」，如「織女之」的意義亦是三隅，則於文爲複，故知陳、孫及景義之說皆非也。築三亭如成直綫甲乙丙，則擊甲而丙救，或擊丙而甲救，均嫌過遠，惟三亭之位置成三角形，則任一亭遇寇，餘兩亭皆可以相等之路程往援（令能相

救)，「織女之」的眞義，斷是如此無疑。

距同鉅，大也。闔，里門也。徽職同徽識，標識也。於鉅阜等地方暗設標識，則可以探得敵人經過者多少及有無隱伏。

6 葆民先舉城中官府、民宅、室署，大小調處；葆者或欲從兄弟、知識者許之。外宅粟米、畜產、財物、諸可以佐城者，送入城中；事卽急，則使積門內。

此言疏散城外人民財產入城之法。

舉，取也。大小調處，量其大小以分派使居住也。有欲與兄弟、相識同居者可准，順人情也。佐，助也。事急之時，不易遠道分送，則使暫置城門內，此是變通辦理之法。

7 民獻粟米、布帛、金錢、牛馬、畜產，皆爲直平賈與主券，書之。

此爲西篇63節之複出。直同值，估定也。與主券卽給券於主人。

8 築郵亭者圜之，高三丈以上，令倚殺。爲辟梯；梯兩臂，長三尺；連版三尺，報以繩連之。塹再雜，爲縣梁。亭一鼓，聾竈。寇烽、驚烽、亂烽，傳火，以次應之，至主國止，其事急者引而上下之。烽火以舉，輒五鼓傳，又以火屬之，言寇所從來者少多，毋弇逮；去來屬次，烽勿罷。望見寇，舉一烽，入境，舉二烽，射妻，舉三烽、一藍，郭會，舉四烽、二藍，城會，舉五烽、三藍；夜以火，如此數。（守烽者事急。）

此言亭燧建築之制及其傳烽之法。

郵亭即亭燧守望之所，其建築爲圜形，與前5言三隅者略異，倚殺見子篇74，斜殺也，大約像現在圓塔之形，下廣而上狹，吳改「令等殺爲辟梯」作一句，非是。通典一五二云：「烽臺於高山四顧險絕處置之，無山，亦於孤迥平地置，下築羊馬城。高下任便，常以三五爲準。臺高五丈，下闊二丈，上闊一丈，形圓。上建圓屋覆之；屋徑闊一丈六尺，一面跳出三尺，以板爲上覆下棧。屋上置突竈三所，臺下亦置三所，並以石灰飾其表裏。復置柴籠三所、流火繩三條在臺側近(？)，上下用屈膝(？)梯，上收下乘。屋四壁開覷賊孔及安視火筒，置旗一口，鼓一面。……」

辟即臂字，孫云：「亭高三丈以上，則梯長不得止三尺，疑尺當爲丈。」余謂「長」應「袤」之訛(前文「長」字屢訛作「袤」)，言梯闊三尺也。連版三尺，似指每級相去之距離。「報」者往復相繞，即謂用繩縛板於梯之兩臂。

再雜，再匝也，參酉篇64。塹縣梁見子篇74。

聾竈即礱竈，舊本此二字在「亭一鼓」之上，今依酉篇73鉤正。

驚當讀如警，見酉篇9及66。主國，國都也，見酉篇64。寇、警、亂三烽，蓋分別事之緩急，各地依次傳遞，直達於國都爲止，最急時更牽烽而上下之。

以舉猶已舉。屬，繼也。舉烽之後，用鼓傳之，又用火繼之以報告寇數多少，(言，報告也，孫釋爲問，非是。)此等烽號，當有更詳細之規定，惜今已不傳。弇逮與酉篇66「厭逮」同，即淹滯也。「去來屬次」當謂寇或往或來，行踪不定，(孫以「次烽」爲一詞，恐非是。)故仍須舉烽，以免後方無備。舉烽，西篇66作舉垂(燧)，余謂古代烽、燧同義，益可證實，下文復言「夜以火」，便知烽不定明火也。射妻，孫疑「射要」，謂急趨要害；于讀如「射齊」，云：「射齊卽齊射，言舉三烽則齊射之也。」余按「射妻」係指示敵人進至何處，與西篇66之「狎郭」相當，幷非指自己的動作，于解之謬，不待辨而明。合西篇觀之，射棲(妻當作棲。)殆謂敵矢已可及郭也，郭會卽彼之入郭，城會卽彼之狎城。

此外王又謂「藍」字皆誤，改補作「望見寇，舉一烽、一鼓，入境，舉二烽、二鼓，射妻，舉三烽、三鼓，郭會，舉四烽、四鼓，城會，舉五烽、五鼓」。孫、吳均認「藍」確「鼓」字之誤，但其餘增改太多，未可必信。余按「藍」同「籃」字，籃，大籠筐也，通典一五二「見賊燒柴籠」，今粵俗常謂盛物者爲籃，字幷不誤。太平御覽卷三三五引漢書音義云：「高臺上作桔槔，頭置兜零，以薪草置其中，常懸之，有寇則然舉之曰烽。」又史記一一七裴駰集解引漢書音義云：「烽如覆米䉛，縣著桔槔頭，有寇則舉之。」籃卽兜零之別稱。古代烽制，一竿爲一烽，每郵亭豎烽竿多個，舉二烽者將兩個烽之桔槔舉起也，三烽、四烽、五烽均依此類推。復次，每竿懸籃數亦不定一個，故有舉竿多少之別，更有舉籃多少之別，如依王說，有不可通者兩點：鼓止言擊不言舉，如中篇4「鼓三舉一幟……」是，一也。各亭相距常數里，鼓聲往往不如物影之易達，二也。

末句「守烽者事急」，孫云「此下疑有脫文」，吳云「疑當在上文寇烽、驚烽之上」，皆非也；按此句實前文「其事急者」之注，後人誤混入墨子本文。

9 **候無過五十，寇至堞，隨去之，無弃逮；日暮出之，令皆爲徼職。距阜、山林，皆令可以迹**

平明而迹，無迹；各立其表，城上應之。候出置田表，斥坐郭內外，立旗幟；卒半在內，令多少無可知。即有驚，舉孔表，見寇，舉牧表，城上以麾指之，斥步鼓、整旗以備戰，從麾所指；田者男子以戰備從斥，女子亟走入。即見寇，鼓，傳到城止。守表者三人，更立捶表而望，守數令騎若吏行旁視，有以知其所爲。其曹一鼓。（望見寇，鼓，傳到城止。）

此復言斥候之分配及工作，多爲酉篇66之複出，但仍有補充。

候無過五十，六句，均見酉篇66。

距阜即鉅阜，見前5，以下四句亦見酉篇66。「可以迹」下當依彼補「者」字。無「迹」即彼「無下里三人」之脫誤。

候出置田表五句，略同酉篇66。惟「置」，彼作「越」；「斥」，彼作「遮」；又「立旗幟」，彼作「立其表」，小異。

驚同警，參前8節及酉篇66。孫疑「孔表」當作「外表」，「牧表」當作「次表」，其說可信；據酉篇言，由城外十里以至城，沿途約立三表，故有外表、次表之別，吳汝綸謂「孔表、牧表皆表之名」，殊無證據。

城上以麾指之三句，亦見酉篇，「步」，蘇改爲「坐」，語不可通（參酉篇），余按桴、步音相近，桴爲擊鼓杖，活用之則爲擊鼓，「步」字不必改。

「田者」指田間操作之農民，男子聞警，應跟隨斥候作戰，女子則急急入城。

斥候如見寇至即擊鼓，以鼓聲傳到城中爲止。

表，三人守之，見西篇66；捶，彼作垂，漢簡作棰，古字才、木旁通用，俞改爲「郵」，非是，說詳西篇。旁視猶言四處巡視，觀其盡職與否。

其曹一鼓，言凡守表之斥候，各掌一鼓。望見寇三句複出前文，應是後來之注。

10 **斗食，終歲三十六石；參食，終歲二十四石；四食，終歲十八石；五食，終歲十四石四斗，六食，終歲十二石。斗食，食五升；參食，食參升小半；四食，食二升半；五食，食二升，六食，食一升大半；日再食。救死之時，日二升者二十日，日三升者三十日，日四升者四十日，如是而民免於九十日之約矣。城中無食，則爲大殺。**

此言管制糧食及節食之法。古代的升斗比現時爲小。

每日再食即一日兩頓，斗食者每餐五升，每日一斗，依每月卅日，每年十二月平均計之，故一歲爲三十六石。

參同三，俞云：「參食者參分斗而日食其二也，故終歲二十四石也。」換言之，即每日節省三分之一，依此計算，得 $\frac{2}{3}$ 斗 $\times 30 \times 12 = 24$ 石，又 $\frac{2}{3}$ 斗 $= 6.\dot{6}$ 升，$6.\dot{6} \div 2 = 3.\dot{3}$ 升，故曰「參食食參升小半」。蘇改爲二十石，實出於誤會。

俞又云：「四食者四分斗而日食其二也，故終歲十八石也。」斗食之半即一歲十八石，一餐二升半。

俞又云：「五食者五分斗而食其二，則每日食四升，終歲當食十四石四斗。」蘇訛爲十四石四升，已經陳校正。

俞又云：「六食者六分斗而食其二也，故終歲十二石也。」換言之，卽所食止平時三分之一，則$\frac{1}{3}\times 5$升$=1.\dot{6}$，故曰「六食食一升大半」。

救死之時，謂糧食缺乏，依文推算，得$2\times 20+3\times 30+4\times 40=290$升，卽三個月內食二石九斗；一歲應食十一石六斗，比「六食終歲十二石」者所差止四斗。孫云「約謂危約」，語意難曉；余謂約就是現在所云「節約」，全句猶言經九十日之節約而民可免於死也。

「城中無食則爲大殺」，殺，減也，此句原在子篇106節後，今依孫說，將這一句量移於此。

11 **寇近，亟收諸離鄉金器若銅鐵及他可以左守事者。先舉縣官室居、官府不急者，材之大小、長短及凡數，卽急先發。寇薄，發屋，伐木，雖有請謁，勿聽。入柴，勿積魚鱗簪，當隊，令易取也。材木不能盡入者燔之，無令寇得用之。積木，各以長短、小大、惡美形相從，城四面外各積其內；諸木大者皆以爲關鼻，乃積聚之。**

此言徵發守城材料之法。

離鄉見酉篇29，邊鄙之鄉也。左同佐。

舉者調查登記也。凡數，總數也。發，徵發也。先登記官吏不急需之品與夫儲存材木之狀況，趕緊徵用之，倡之自上，斯民間不敢隱匿矣。

薄，迫也。敵已迫近，則應毀屋伐木，卽有請求緩辦者亦不可聽，參酉篇67。

勿積魚鱗簪與午篇10「勿令魚鱗參」同義，簪、參音亦相近。當隊卽當路，當路然後便於取攜。

材木不能盡入兩句，已見酉篇67，燔，燒也。各以長短、小大、惡美形相從，謂材木要分類存放，需用時不至廢時選擇。又前6節言城外之物事，急時暫放城門之內，此言「城四面外各積其內」，即謂四郊之物，應各向其相近之城門輸送；簡言之，東郊之物，應送存城內東闕，南郊之物，應送存城內南闕，餘可類推。粵俗常謂孔曰「鼻」，（如針眼曰「針鼻」。）又普通木材爲轉運利便起見，常於材端鑿一孔以便穿繩繫縛，闕鼻或即指此；畢云「言爲之紐，令事急可曳」，其意亦相近。

12 城守，司馬以上父母、昆弟、妻子有質在主所，乃可以堅守。署都司空、大城四人，候二人，縣候、面一，亭尉、次司空、亭一人。吏、侍守所者，財足、廉信、父母昆弟妻子有在葆宮中者，乃得爲侍吏。諸吏必有質，乃得任事。守大門者二人，夾門而立，令行者趣其外；各四戟，夾門立，而其人坐其下，吏日五閱之，上逋者名。

此言吏員任用及保質之制。

城守，猶守城也，古以父母、兄弟、妻子爲質，後世則易爲擔保人。署，置也。都司空、候、亭尉及次司空，皆官吏名稱，分見酉篇。「面一」、孫謂每面各一人。吏侍守所，即供職於太守署之吏。財足，孫讀纔足（見巳篇20），吳釋富厚；余按酉篇58言，「守之所親，舉吏貞廉、忠信、無害可任事者」，廉信即貞廉、忠信之省文，財足應與「無害可任事」相當，謂材能也，材、財同音，孟子「有達財者」，固借「財」爲「材」，孫、吳兩解均不確。子篇47亦言「尉必取有重厚、忠信、可任事者」，任事固非「材足」不可。「有質」與「父母、昆弟、妻子有在葆宮中」同義，猶之今世必覓保人而後可任事也。守大門者二人、夾門而立、各四戟、夾門立、人坐其下數句，與酉篇70四人夾令門內坐、二人夾散門外坐，大意相近。趣，急行也，不許行人門外逗遛，現代兵署猶或行之。四戟一句即戟四支放在門之兩旁。又據酉篇15，吏卒侍大門者，門尉白晝三閱，入暮一閱，此云五閱，較多一次，可參看。

13 **池外廉有要、有害，必爲疑人，令往來行夜者射之，誅其疏者。牆外水中爲竹箭；箭尺廣二步，箭下於水五寸，雜長短，前外廉三行，外外鄉，內亦內鄉。**

此言濠池外之警戒，又池中安插竹箭以防敵偷渡。

前池外廉見申篇4，又巳篇20，「取城外池脣木瓦散之」，池脣亦池廉也。有要有害即要害之地。疑人，俞云「蓋束草爲人形，望之如人，故曰疑人」，其說殊未可信；蓋束草爲疑人，志在嚇敵，不必令自己巡夜之隊伍射之，以致損失箭矢。且即疏漏未射，何致受誅？余謂「必爲」者信其必是也，疑人，可疑之人也，當戒嚴時期，如確信其爲可疑之人，往來巡夜者自應射之，如疏失不射，或可釀成嚴重事故，「誅其疏者」一句，依此解法，便甚明白。

立竹箭水中，見酉篇34。箭尺廣二步，謂插竹箭之地方廣丈二尺也。（箭尺之「尺」字或誤。）下於水五寸即竹端比水低五寸，使敵人不覺也。雜長短者或長、或短，互相間雜。竹箭分三行排插，外邊一行，其端外向，內邊一行，其端內向，使敵往來都受阻也。

14 **三十步一弩廬，廬廣十尺，袤丈二尺。**

此言弩廬之設。孫云：「弩廬即置連弩車之廬也，通典兵守拒法有弩臺制，與此略同，而步尺數異。」余按袤即長也，據丑篇3，連弩車制甚宏偉，似非廣袤約一丈之廬所能容，試觀通典一五二弩臺「下闊四丈，高五丈，上闊二丈」，便知此之弩廬與弩臺迥異，或是一般弩手所居之廬歟？

15 **百步一隊，隊有急，極發其近者往佐，其次襲其處。**

此節言隊伍調援之法。「百步一隊」句，舊本在下16節後，17節前，今姑依吳移此，大致言每百步一隊伍，如某隊戰事緊張，即速（極同亟）發最近之隊伍往援，又撥次近之隊接充其防務。襲，繼也。

16 **守節：出入使，主節必疏書，署其情，令若其事，而須其還報以劍驗之。節出：使所出門者，輒言節出時摻者名。**

此言符節出入之制，參酉篇55。

守節，太守之符節也，兩字爲標題。主節，掌符節之吏。疏書，書寫也。署，記載也。須，待也。劍、檢同音，劍驗猶今言「檢驗」，王謂劍爲僉訛，僉與參同，立說過於曲折。此節蓋言凡有人出使，掌管符節之吏必記錄之，所記情節，須使與所辦之事相符（令若其事），候其回來報告時，可以互相勘驗，以觀使人曾否一一遵令辦理也。

節出兩字亦標題，言凡有使人操節外出，無論從某城門經過，城門官即須登記其姓名報告之，摻即操字。

17 閤通守舍，相錯穿室；治復道，爲築墉，墉善其上。

此言太守署與葆宮之聯絡及其建築。

閤，門旁戶也。相錯穿室似謂旁門互相穿錯，使生人入者不易辨路。復道卽複道（西篇64言守宮之樓入葆宮爲復道）。墉，牆也，「善」下孫疑有脫字，余按西篇59「葆宮之牆必三重，牆之垣，守者皆累瓦釜牆上」，所謂「善其上」者當屬累瓦釜之類，原文自通，亦不必依蘇改作「繕」。

18 取疏：令民家有三年畜蔬食以備湛旱、歲不爲。常令邊縣豫種蓄芫、芒、烏喙、祩葉，外宅溝井可窴塞，不可，置此其中。（安則示以危，危示以安。）

此言平時令民間豫備雜糧及毒品以備急用。

取疏兩字爲標題，疏卽蔬，論語「飯疏食飲水」，「雖疏食菜羹瓜祭」，字皆作疏。畜，儲蓄。久雨曰湛。歲不爲，王解作年不順成，據漢書食貨志，古謂五穀不成曰不爲，又引賈子孽產子篇「歲適不爲」，其說甚確。吳云「此文令民家，下文令邊縣，句法似當一律，今從常字斷句，言民既蓄三年蔬食，蔬食性耐久庤，可存儲待用，不必每年加蓄也，故曰歲不爲常」，所駮完全離開現實；蓋三年之豫蓄，每歲仍當推陳出新，例如到第四年，則將第一年所蓄供食用而代以是年之新產，如是繼續替換，方爲正規，舊日常平倉貯穀，便是如此。假說既蓄三年之積，卽存而待用，不逐年換替，勢必至物質腐壞，人民遭受重大之損失，且臨到有事時無可供用，此吳之未注意者一。蔬食供人食用，每歲必須儲蓄，是一般人所知，若芫、芒等毒草固不須歲歲豫儲，故特加「常」字，此吳之未注意者二。

芫、芒（卽莽草）皆毒魚之草，烏喙是附子之類，亦有毒，祩，孫疑株（卽椒）之訛，急就篇云「烏喙、附子、椒、芫華」，固數者並舉。孫又云「葉不審何字之誤」，余按「葉」卽上舉各草之葉，非誤字，各葉置水中，可以毒敵人也。城外人家有汲水處，可塡（竇同塡）塞則塡塞之，不可則置毒其中，通典一五二云「凡敵欲攻，卽去城外五百步內井、樹、牆屋，並塡除之，井有塡不盡者投藥毒之」，卽其遺法。末兩句，乍看之似與上文不連，細思之，「安則示以危」者卽總括豫儲蔬食毒物之注文，「危則示以安」乃相對的補充之詞，舊注對此，均未說明，吳書且別爲一節，非也。

19 寇至，諸門戶令皆鑿而類竅之，各爲二類，一鑿而屬繩，繩長四尺，大如指。

此言門戶鑿孔之法，與子篇8爲複出。

「類竅」猶言穿孔，「二類」卽「二類竅」之省文，孫改「類」爲「幎」，非是。

20 寇至，先殺牛、羊、雞、狗、鳧、雁、彘，皆剝之，收其皮革、筋、角、脂、𠟆、羽。

此亦清野之術。𠟆卽腦字。

21 吏橝桐肎爲鐵鍕厚簡爲衡柱事急卒不可遠令掘外宅林課多少若治城□□爲擊三隅之重五斤已上。

此段文字錯誤極多，舊注家亦不能確言其大意，據余揣測，似是兩節互爲錯亂，約應鈎改如次：

（一）吏橝、桐、肎厚，簡爲衡柱，事急，卒不可遠，令掘外宅林，課多少，若治城，□□爲擊。

（二）爲鐵鍕，三隅之，重五斤以上。

(一)段之大意，言簡取厚材木如櫝、桐、栗者爲衡柱，如事勢已急，猝不可遠取，則儘量採就近之林木代之。「櫝」原作「樳」，依孫改，圖書集成戎政典作「槓」。「擊」字運本作「墼」，酉篇6又有「擊」，因文既空缺，頗難斷定。「吏」可能爲「桼」字之訛，千字文固以「椅桐梓漆」並言。栗，古文作「㮚」，「㢠」無疑是其壞體，栗是堅木也。

(二)段之鉀，或說爲斧，或說爲箭，據文重五斤觀之，似不是箭，孫謂「擊」之形爲三隅，無據。

22 **諸林木渥水中，無過一茷。**

此言水內積存木筏之限制。

孫以「重五斤已上」連諸林(材)木爲一句，謂指材木之小者；余按古今人論材木，都以長、厚分大小，未聞論及重量，孫之讀法，顯不可從。茷亦作筏，今世謂之「排」(亦作簰)，渥，浸漬也，材木未用時須浸水中以免拗裂，現尚如此，故特規定水內之木排，不可多於一茷，免事急時被敵利用。

23 **塗茅屋若積薪者，厚五寸已上。**

此言塗泥之厚度；積薪須塗土，見子篇24等節。

24 **吏各舉其步界中財物可以左守備者上。**

此言各吏人須調查轄區內財物，徵發而送之官。

步，部同音，步界中，所部界內也。左即佐，見上11。子篇66「民室材木、瓦石可以益城之備者盡上之」。

25 有讒人，有利人，有惡人，有善人，有長人，有謀士，有勇士，有巧士，有使士，有內人者，外人者，有善人者，有善門人者，守必察其所以然者，應名乃內之。使人各得其所長，天下事當。鈞其分職，天下事得。皆其所喜，天下事備。强弱有數，天下事具矣。

此節言用人當名實相副，各當其材。

使士，吳汝綸云「當作死士」。「有善人者」句，蘇疑善下脫一字，又疑善門爲善闞之訛。應名謂名實相副，內同納。鈞同均，等也。

26 民相惡若議吏，吏所解，皆札書藏之，以須告者之至以參驗之。

此言處理民間訴訟及人民控吏之法，參酉篇74。

民相惡若議吏，言人民不和或控吏不法也。孫云：「吏所解謂民相惡、有讐怨，吏爲解之者。」非也；余按解即辨護，人民控吏，於理可交被控之吏明白呈覆，「吏所解」即其自己之辯護詞，然兩方均不可偏信，故靜候（須，待也。）查覆者報告到後，互相參勘，再判決其曲直。

27 睨小五尺不可卒者，爲署吏，令給事官府若舍。

此言兒童之動員。

睨即孟子「反其旄倪」之倪，小五尺，體高小於五尺也，申篇1「五尺童子爲童旗」，知高五尺及五尺已上者皆服兵役，小於五尺則未可充兵卒，故止任作吏胥，令在各官署或私舍服務。

28 藺石、厲矢、諸材器用皆謹部，各有積分數。

此言守城器用之數，應有登記。

藺石見酉篇26。厲矢見子篇74。部即部署，積分數，所存共若干也。

29 爲軺車以梠：盛矢以軺車，輪軲廣十尺，轅長丈，爲三幅，廣六尺。爲板箱，長與轅等，高四尺，善蓋上，治中，令可載矢。

此言作載矢用的軺車之製法。

梠是木名，當即巳篇8之櫓。盛矢，舊訛「城矣」，按城、盛同音，城必「盛」之訛。軲，畢以爲轂字異文，是也。（孫疑指車前之胡，但又謂輪與軲不得同度，則已不能堅持其說。）依此，則輻字不得爲輪字之誤。（孫疑「三幅」當作「四輪。」）轅即直轅，故板箱之長等於轅之長。蓋上治中，謂箱面加蓋，箱裏整齊，乃可以載矢也。

30 子墨子曰：凡不守者有五：城大人小，一不守也。城小人衆，二不守也。人衆食寡，三不守也。市去城遠，四不守也。畜積在外，富人在虛，五不守也。（率萬家而城方三里。）

此言城有五不可守。

畜積在外，言儲備守城之器物，不在城內。虛即墟，墟、市同義，在虛猶在外也。

末句乃城大人小、城小人衆之注，言大約萬家而城方三里，則可守也，非墨子本文。